The *Illuminated* Omer Counting Book

Sephardic Edition

Printed in **FULL COLOR** with daily counts in English and Hebrew

James N. Gershfield

The Illuminated Omer Counting Book
Sephardic Edition

Text, Hebrew Calligraphy, and Artwork by James N. Gershfield
Cover Design by James N. Gershfield

Published by  Scribal Scion Publishing

First Edition, published in 2023
ISBN-13: 979-8-88665-007-5 (paperback)
ISBN-13: 979-8-88665-008-2 (hardcover)

Scribal Scion Publishing is an imprint of
Scribal Scion Publishing LLC, Teaneck NJ, USA

This book is lovingly dedicated to the memory of my late father, Rabbi Edward M. Gershfield - teacher, preacher and scribe.

Please visit our website to learn more about us, our mission and our books: **https://scribalscionpublishing.com**

Other books by James N. Gershfield:

How Jewish Laws and Customs Develop Over Time
A Fascinating Explanation by Rabbi Edward M. Gershfield

לעילוי נשמות

עזרא בן שרה - כ"ח תשרי

ז'מיל בן חסנה - ז' תשרי

אליס-לאה בת זכייה - ל' שבט

מזל בת זהייה - ח' אייר

משה בן אליס-לאה - ט' אדר

יוסף בן אליס-לאה - י' ניסן

Dedicated by Shlomo and Mira Mizrahi

Dedicated in Loving Memory of

RALPH D. TAWIL

רפאל בן מרים הכהן

May his memory be blessed.

ת.נ.צ.ב.ה.

Dedicated in Loving Memory of

RABBI EDWARD M. GERSHFIELD

הרב יצחק משה בן יוזפא

ת.נ.צ.ב.ה.

by Toby M. Gershfield

Introduction

This book makes it easy and enjoyable to count the Omer. It is designed to be displayed on a bookstand in your home or office. Just turn the page each day to see the current day and week of the Omer in English and Hebrew, along with an artistic rendering of the count in Hebrew letters.

For many centuries, Jewish scribes created beautiful illuminated manuscripts of various religious texts in order to enhance the reader's enjoyment. It is with the same purpose in mind that I created this practical and artistic, Illuminated Omer Counting Book, in order to enhance the performance of the Mitzvah (religious obligation) to count the Omer between the Jewish holidays of Pesach and Shavuot. However, instead of using a feather pen, ink and paper, as a traditional scribe would have done, I used a computer mouse and software to create the Hebrew letters and the artwork.

In this Sephardic Edition, the text of the count of each day of the Omer is written according to the Sephardic tradition, which is slightly different than the Ashkenazic tradition. In addition, the artwork is Sephardic style.

May this book help motivate you to observe the counting of the Omer every day during the 49 days of the counting, and may it help you to fulfill the Mitzvah in a spirit of joy and happiness.

How to Use This Book

In order to get the most out of this book, it is best to use some kind of book stand to display the book with the pages open to the current day of the Omer. If you don't have a book stand, you can simply put a bookmark into the book at the page corresponding to the current day of the Omer and move the bookmark each day to the next pair of pages.

This book does not contain the blessing that is normally recited before counting the Omer each night. Please refer to a Siddur (Jewish Prayer Book) or search online for the text of the blessing.

What This Book is Not

This book is not intended to teach you the laws of counting the Omer, nor is it intended to tell you which blessings to say or how to say them. Also, this book is not intended to explain the deeper meaning of the counting of the Omer, or which verse in the Torah the Mitzvah of counting the Omer is based on.

It simply provides a beautiful and practical way to keep track of the current day during the counting of the Omer.

Day 1

ט"ז ניסן

Today is One Day of the Omer

הַיוֹם יוֹם אֶחָד לָעֹמֶר

א

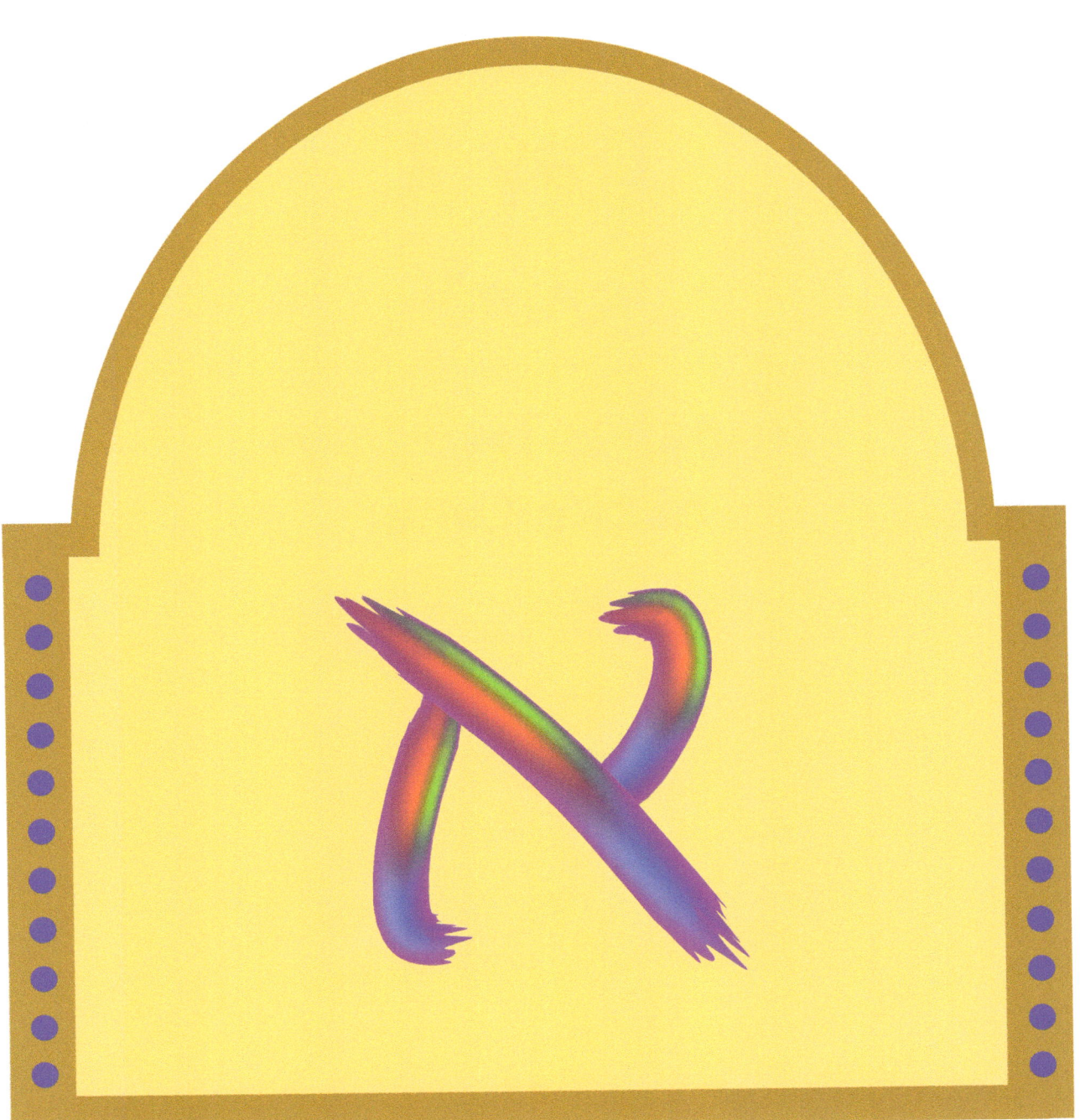

Day 2

י"ז ניסן

**Today is Two Days
of the Omer**

הַיּוֹם שְׁנֵי יָמִים לָעֹמֶר

ב

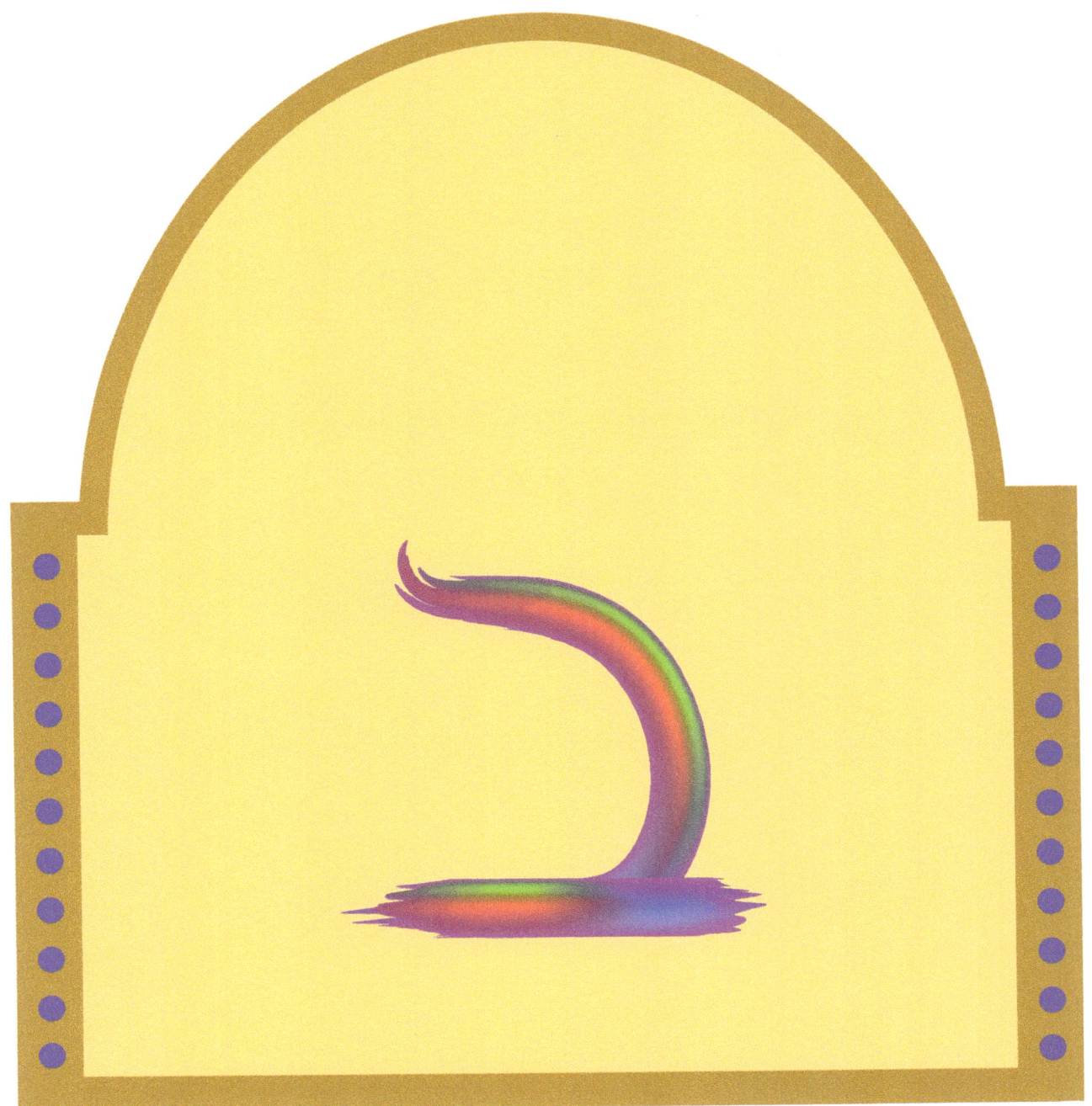

Day 3

י"ח ניסן

Today is Three Days of the Omer

הַיּוֹם שְׁלֹשָׁה יָמִים לָעֹמֶר

ג

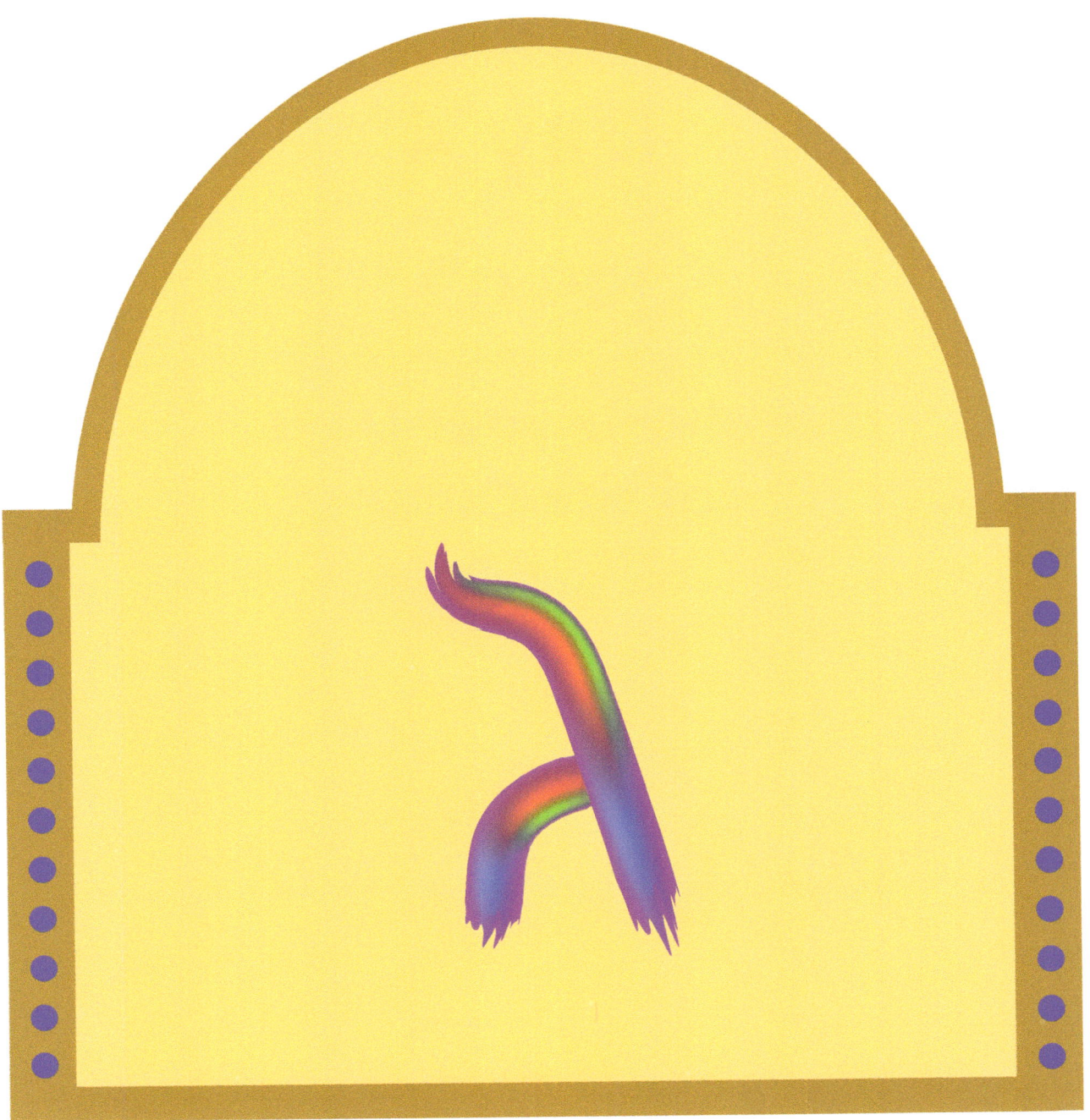

Day 4

י"ט ניסן

**Today is Four Days
of the Omer**

הַיּוֹם אַרְבָּעָה יָמִים לָעֹמֶר

ד

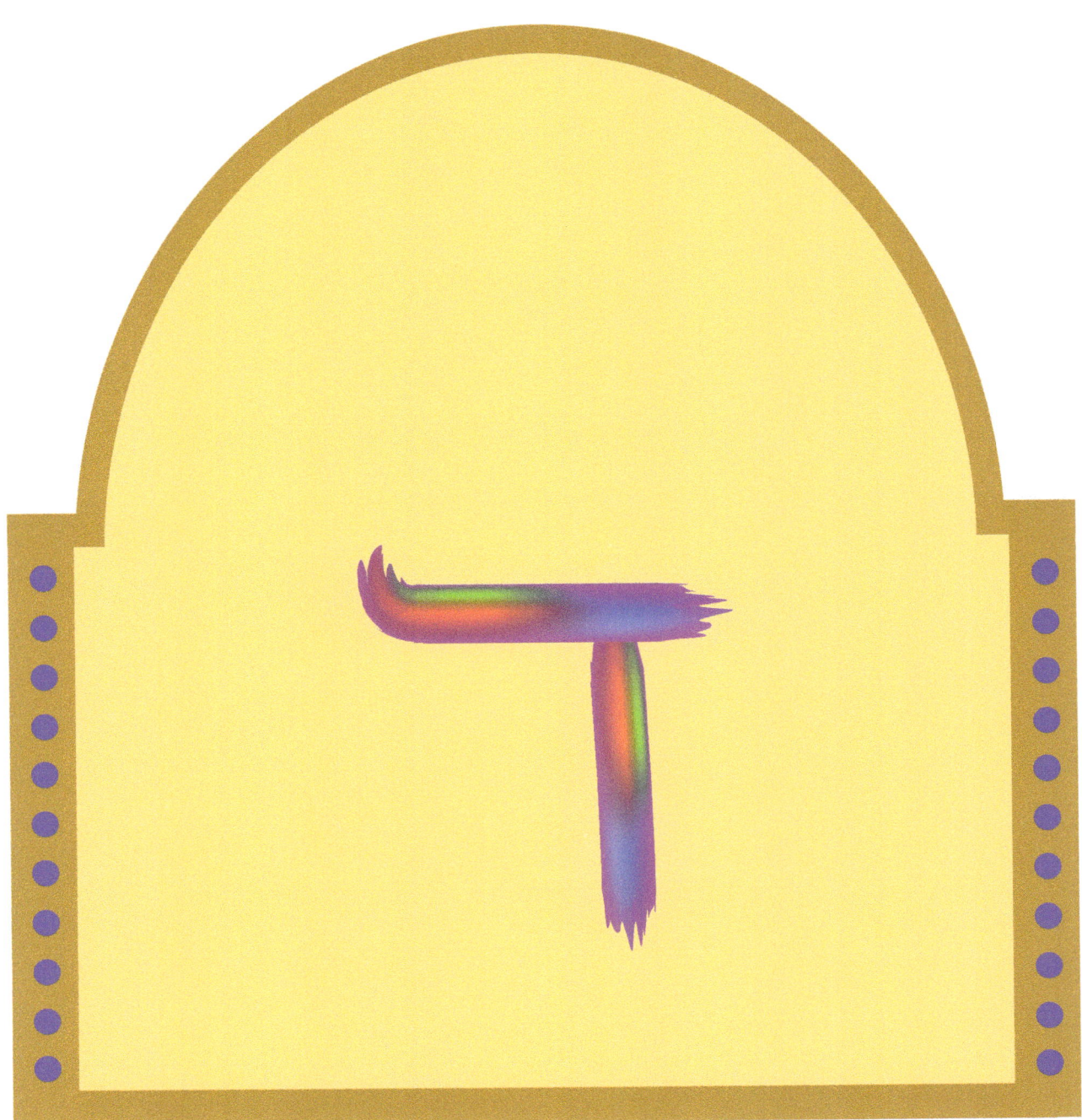

Day 5

כ' ניסן

**Today is Five Days
of the Omer**

הַיּוֹם חֲמִשָּׁה יָמִים לָעֹמֶר

ה

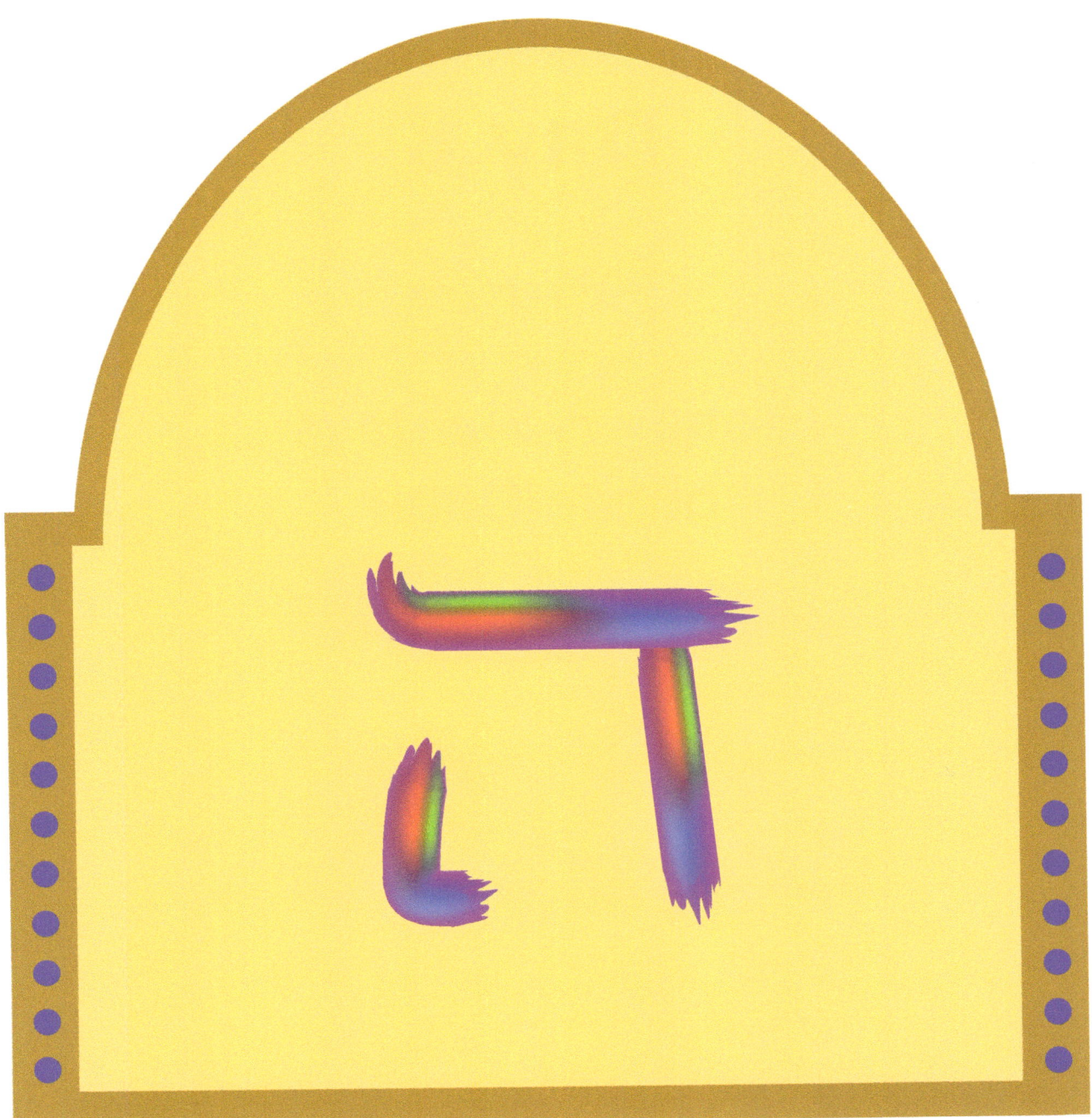

Day 6

כ"א ניסן

Today is Six Days of the Omer

הַיּוֹם שִׁשָּׁה יָמִים לָעֹמֶר

ו

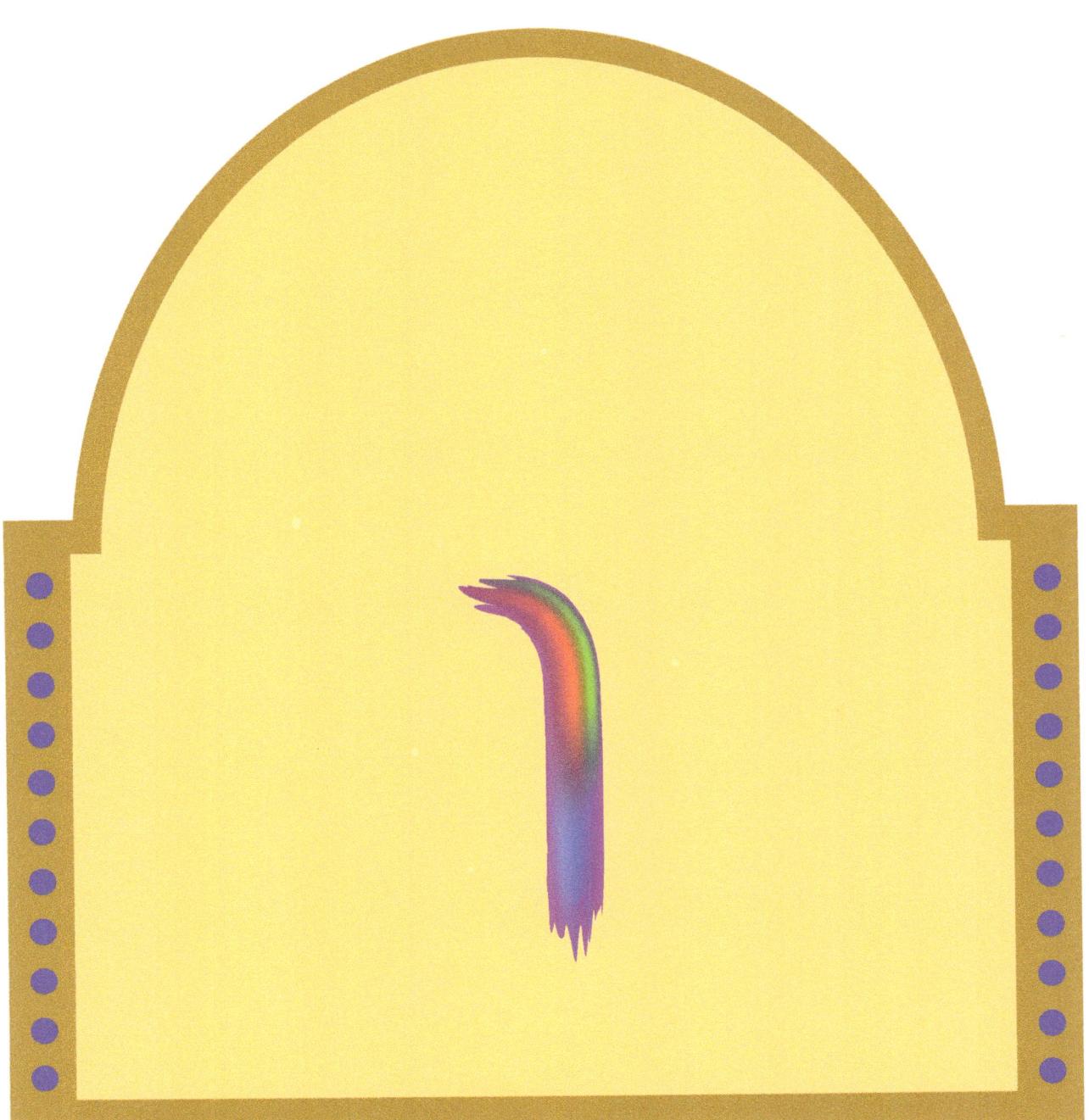

Day 7

כ"ב ניסן

Today is Seven Days of the Omer, which are One Week

הַיּוֹם שִׁבְעָה יָמִים לָעֹמֶר

שֶׁהֵם שָׁבוּעַ אֶחָד

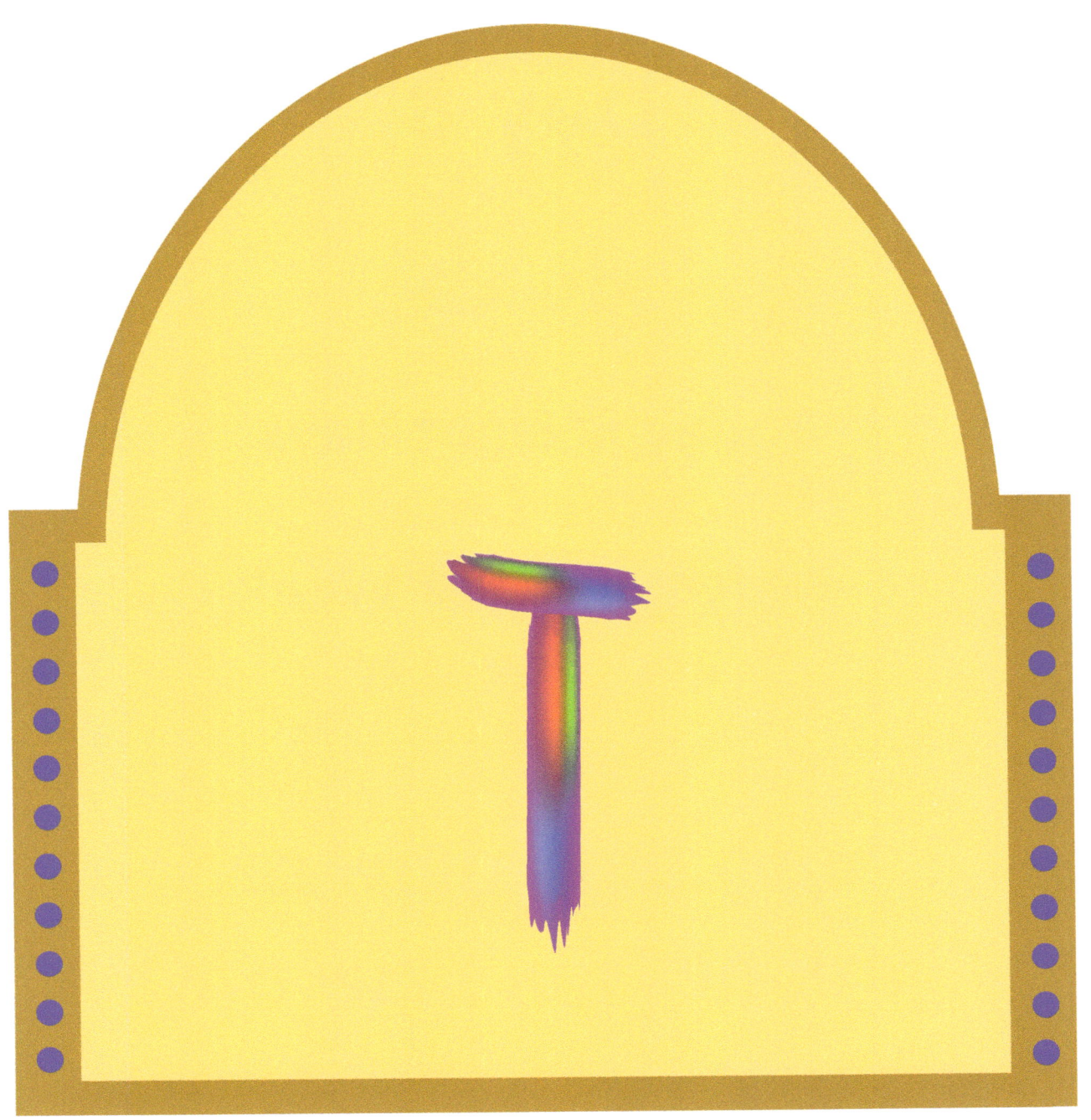

Day 8

כ"ג ניסן

**Today is Eight Days
of the Omer,
which are One Week
and One Day**

הַיּוֹם שְׁמוֹנָה יָמִים לָעֹמֶר
שֶׁהֵם שָׁבוּעַ אֶחָד וְיוֹם אֶחָד

ח

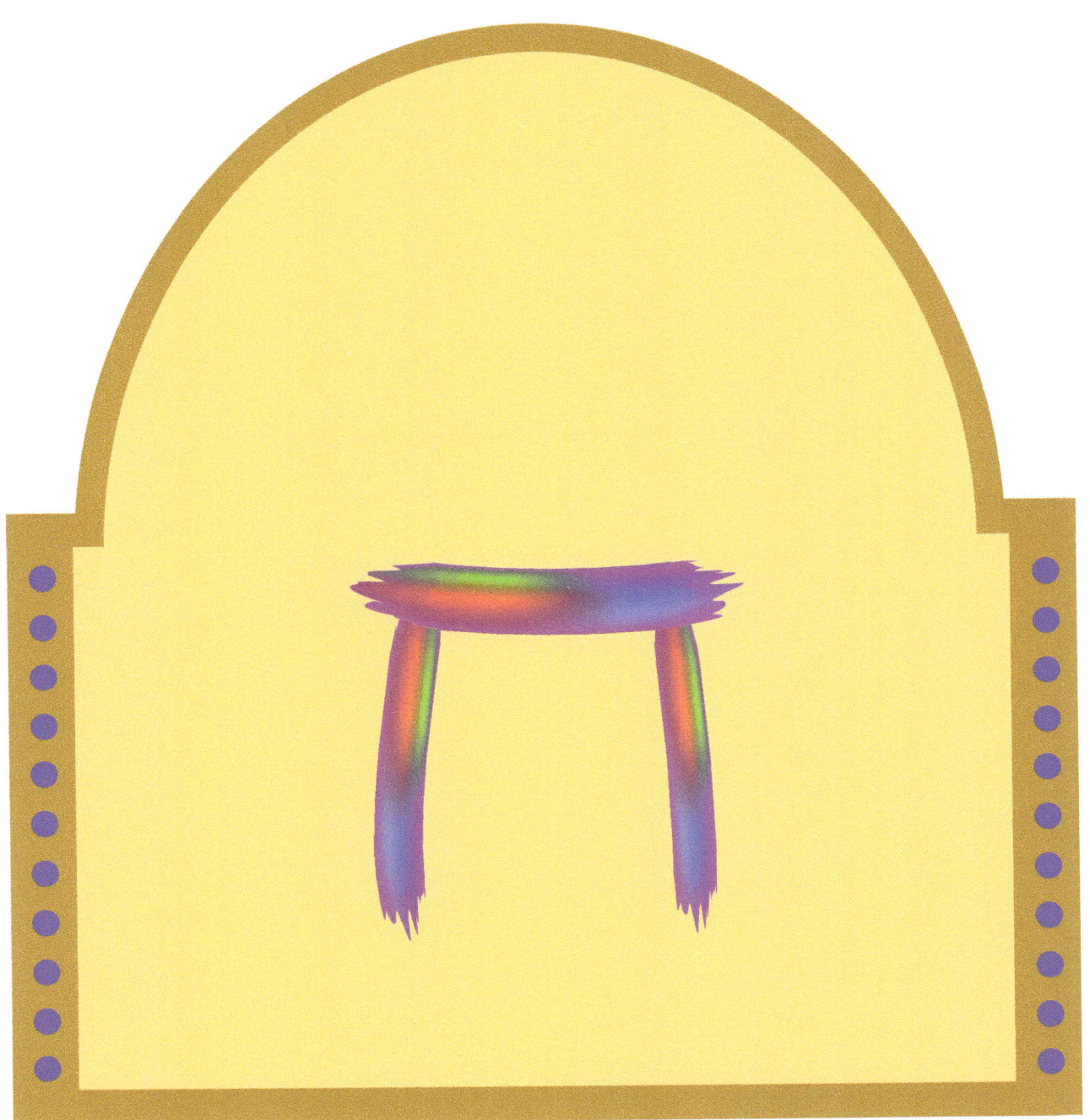

Day 9

כ"ד ניסן

Today is Nine Days of the Omer, which are One Week and Two Days

הַיּוֹם תִּשְׁעָה יָמִים לָעֹמֶר
שֶׁהֵם שָׁבוּעַ אֶחָד וּשְׁנֵי יָמִים

ט

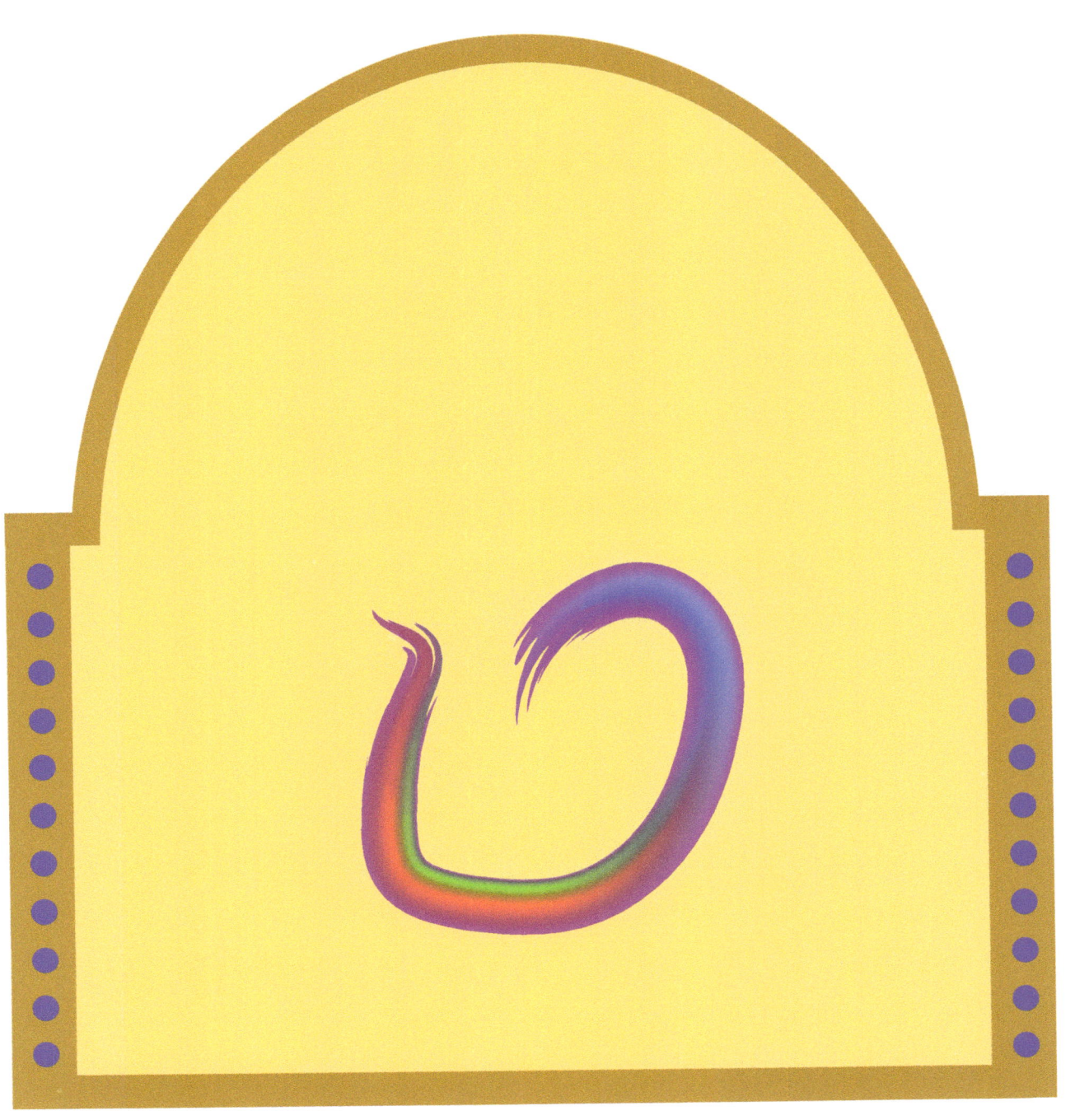

Day 10

כ"ה ניסן

**Today is Ten Days
of the Omer,
which are One Week
and Three Days**

הַיּוֹם עֲשָׂרָה יָמִים לָעֹמֶר
שֶׁהֵם שָׁבוּעַ אֶחָד וּשְׁלֹשָׁה יָמִים

ר

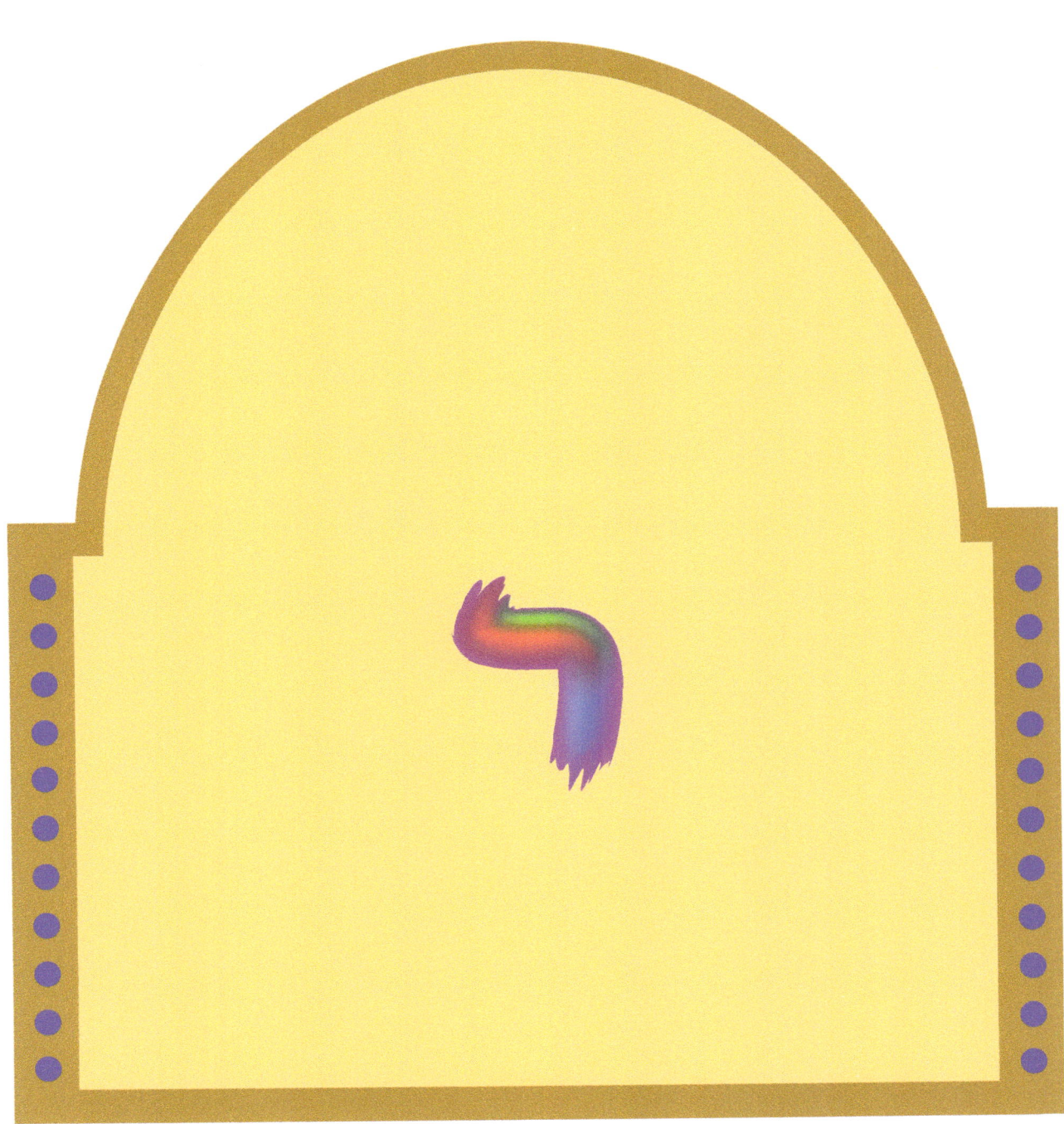

Day 11

כ"ו ניסן

**Today is Eleven Days
of the Omer,
which are One Week
and Four Days**

הַיוֹם אַחַד עָשָׂר יוֹם לָעֹמֶר

שֶׁהֵם שָׁבוּעַ אֶחָד וְאַרְבָּעָה יָמִים

יא

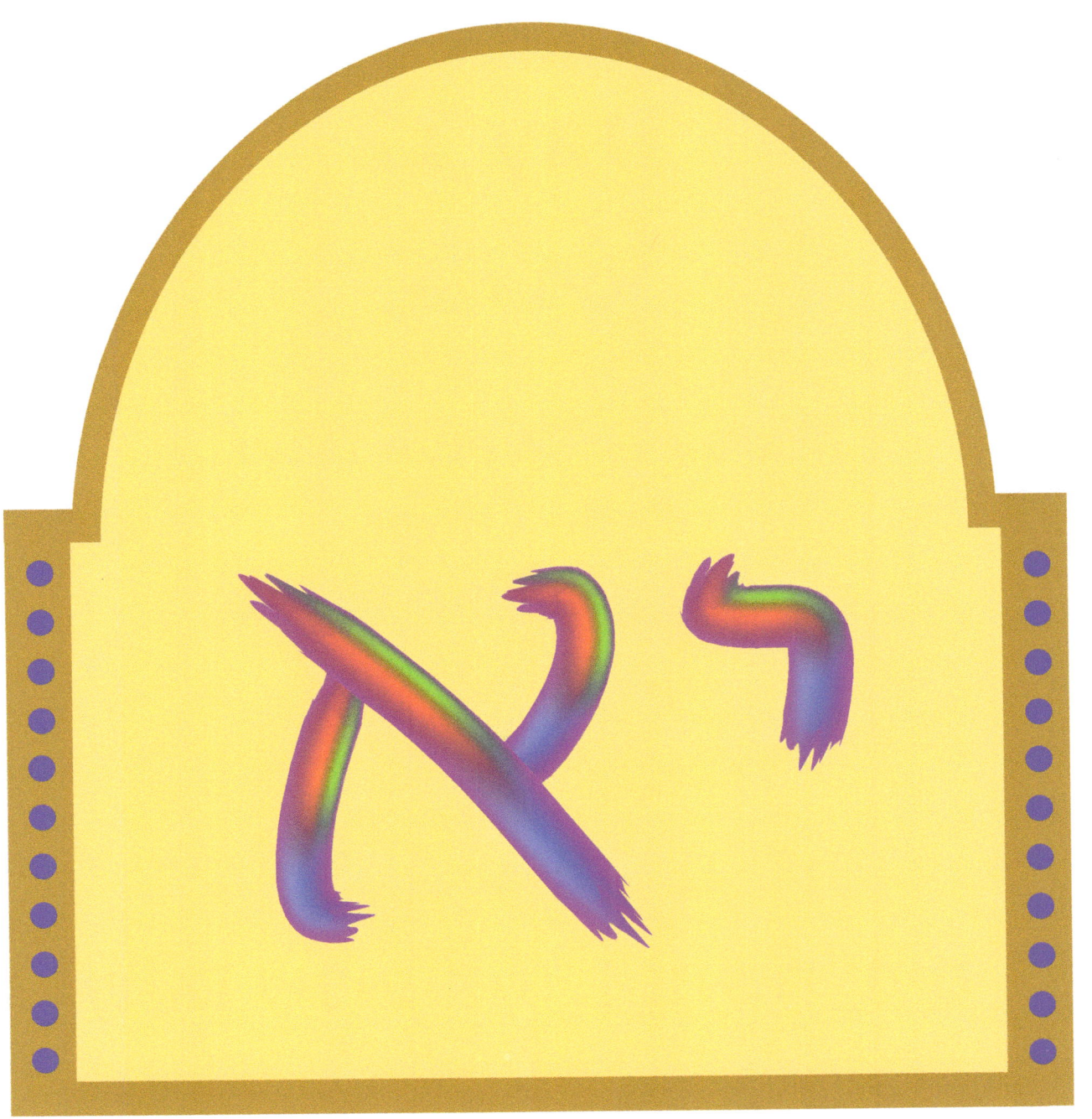

Day 12

כ"ז ניסן

Today is Twelve Days of the Omer, which are One Week and Five Days

הַיּוֹם שְׁנֵים עָשָׂר יוֹם לָעֹמֶר
שֶׁהֵם שָׁבוּעַ אֶחָד וַחֲמִשָּׁה יָמִים

יב

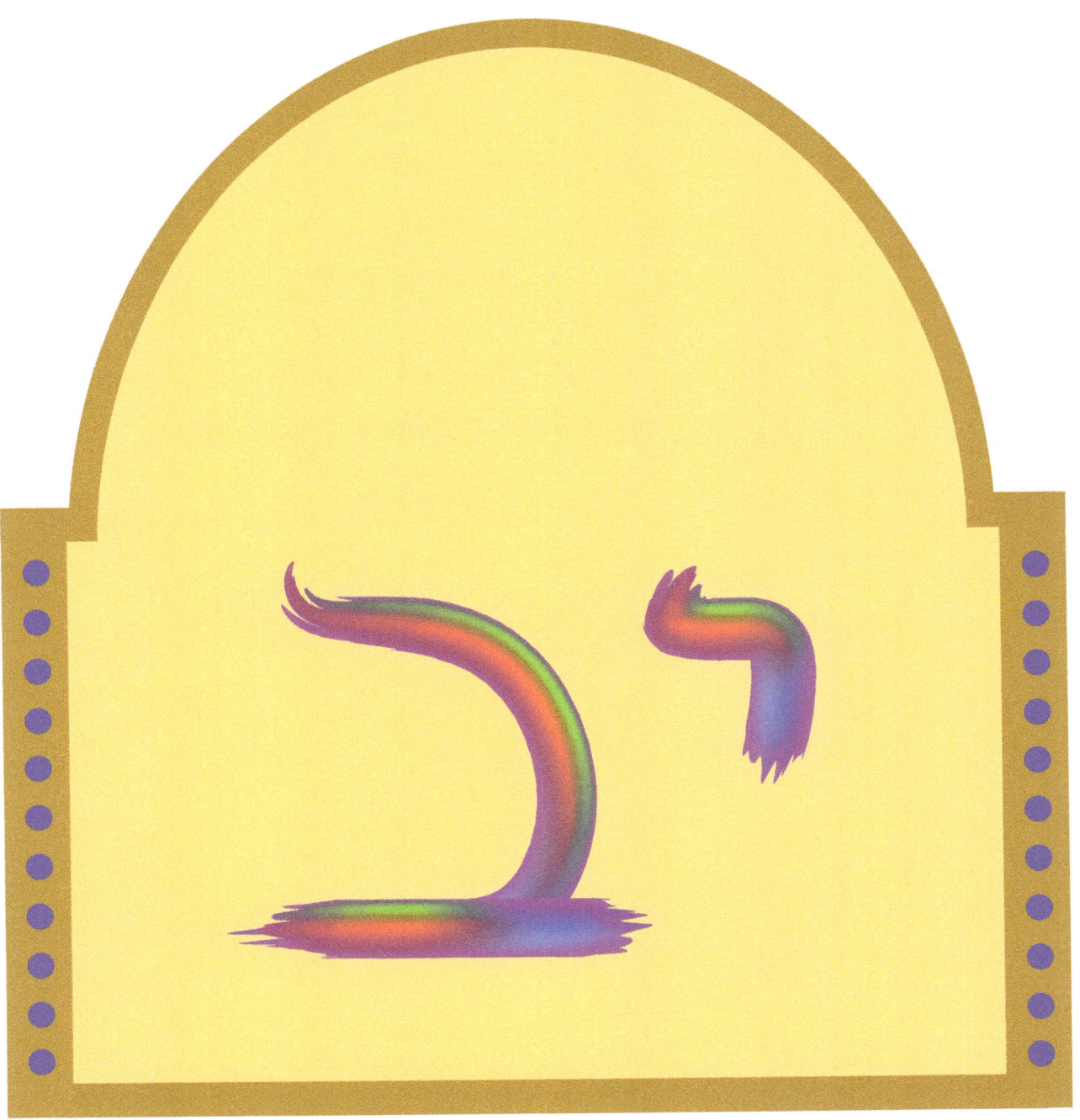

Day 13

כ"ח ניסן

Today is Thirteen Days of the Omer, which are One Week and Six Days

הַיּוֹם שְׁלֹשָׁה עָשָׂר יוֹם לָעֹמֶר
שֶׁהֵם שָׁבוּעַ אֶחָד וְשִׁשָּׁה יָמִים

יג

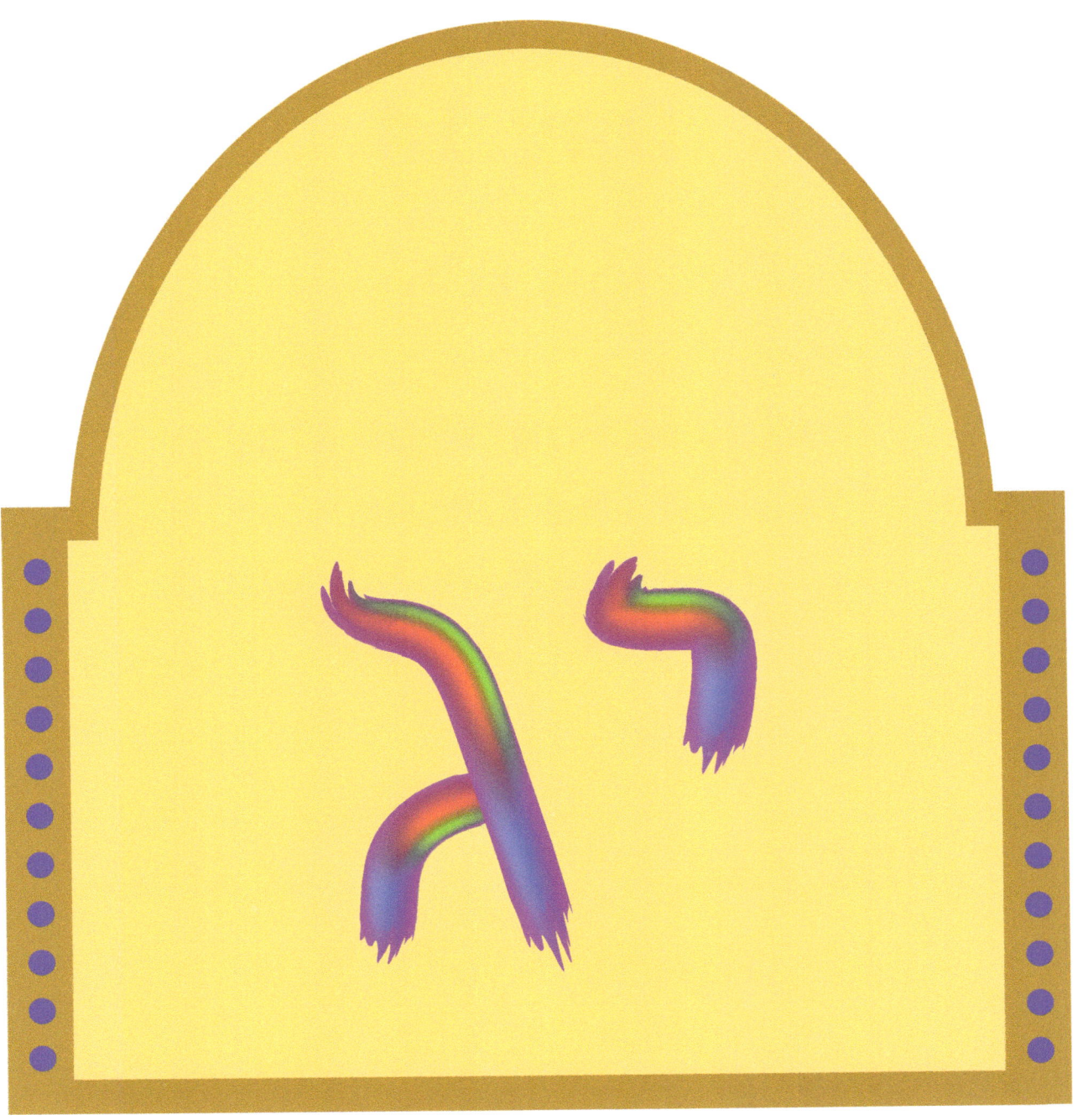

Day 14

כ"ט ניסן

**Today is Fourteen Days
of the Omer,
which are Two Weeks**

הַיּוֹם אַרְבָּעָה עָשָׂר יוֹם לָעֹמֶר
שֶׁהֵם שְׁנֵי שָׁבוּעוֹת

יד

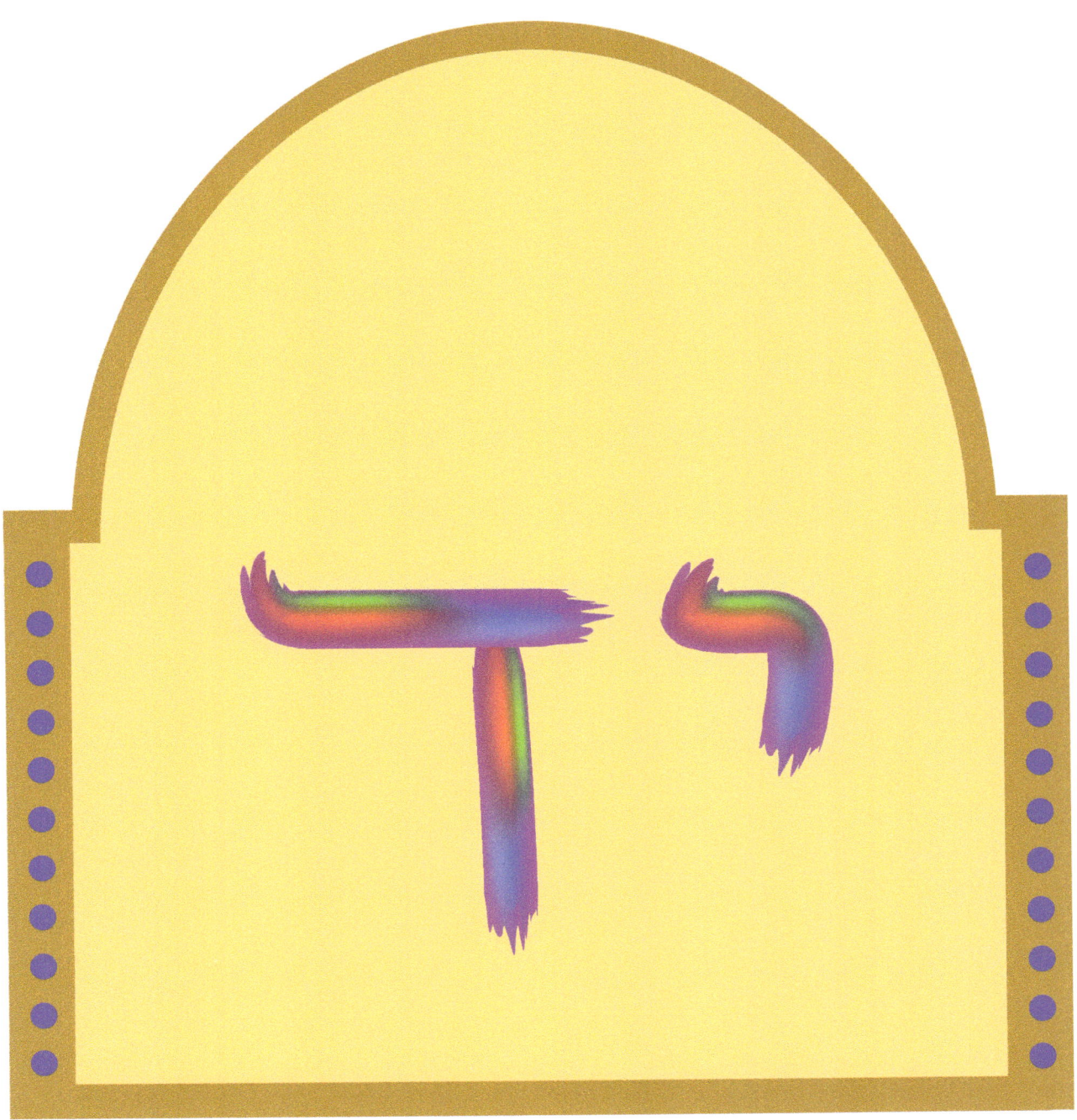

Day 15

ל' ניסן

**Today is Fifteen Days
of the Omer,
which are Two Weeks
and One Day**

הַיּוֹם חֲמִשָּׁה עָשָׂר יוֹם לָעֹמֶר
שֶׁהֵם שְׁנֵי שָׁבוּעוֹת וְיוֹם אֶחָד

טו

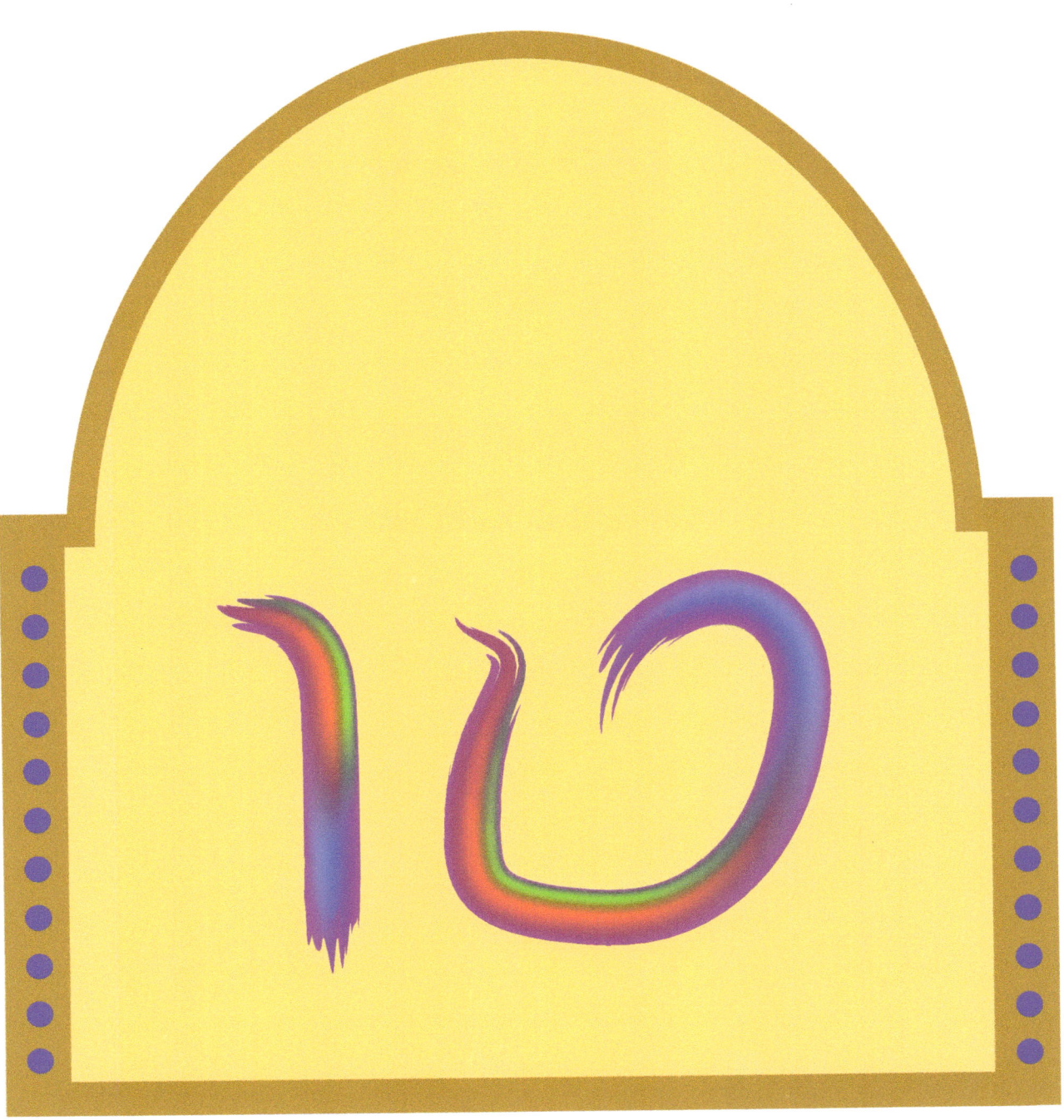

Day 16

א' אייר

**Today is Sixteen Days
of the Omer,
which are Two Weeks
and Two Days**

הַיּוֹם שִׁשָּׁה עָשָׂר יוֹם לָעֹמֶר
שֶׁהֵם שְׁנֵי שָׁבוּעוֹת וּשְׁנֵי יָמִים

טז

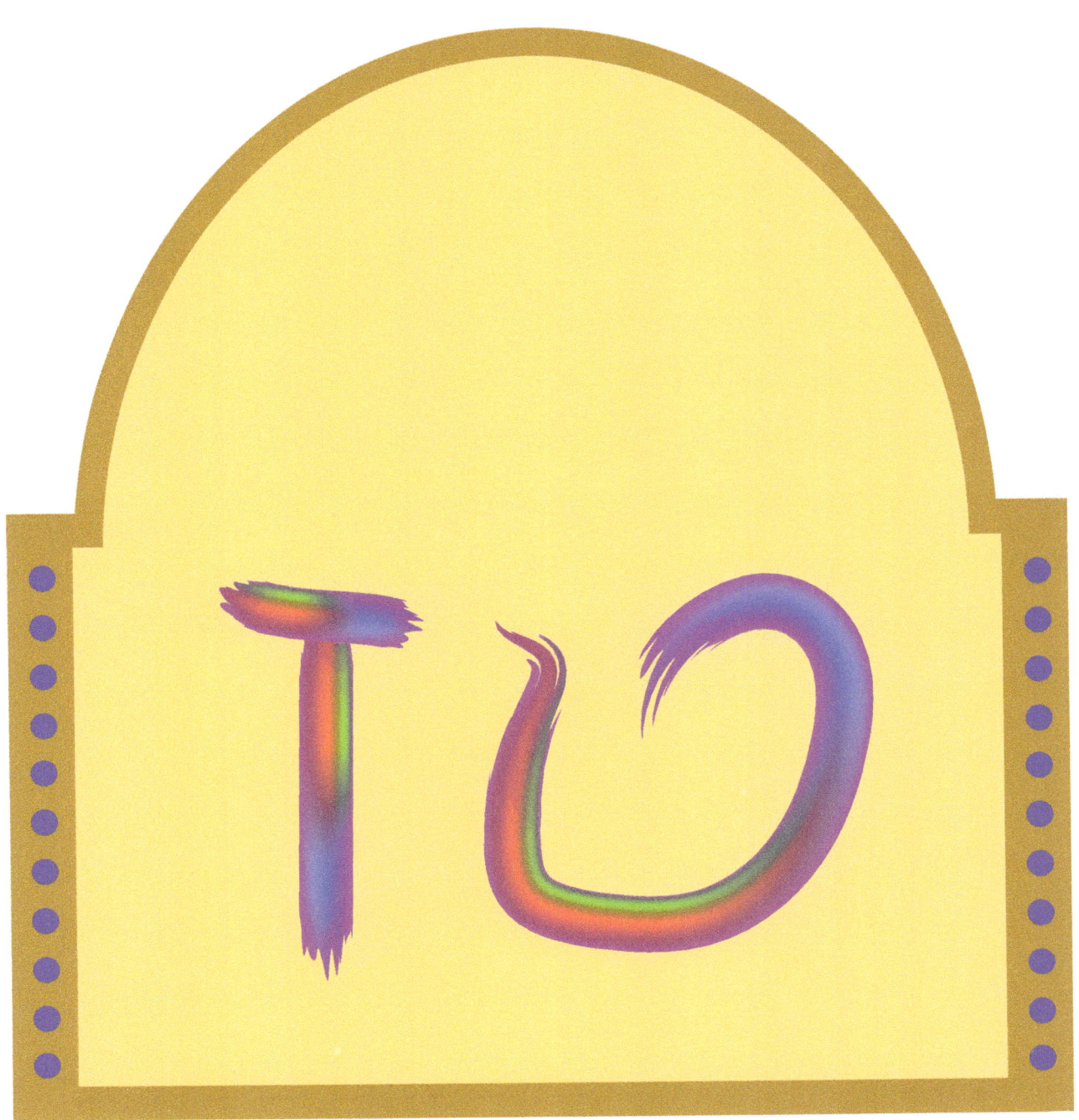

Day 17

ב' אייר

Today is Seventeen Days of the Omer, which are Two Weeks and Three Days

הַיּוֹם שִׁבְעָה עָשָׂר יוֹם לָעֹמֶר

שֶׁהֵם שְׁנֵי שָׁבוּעוֹת וּשְׁלֹשָׁה יָמִים

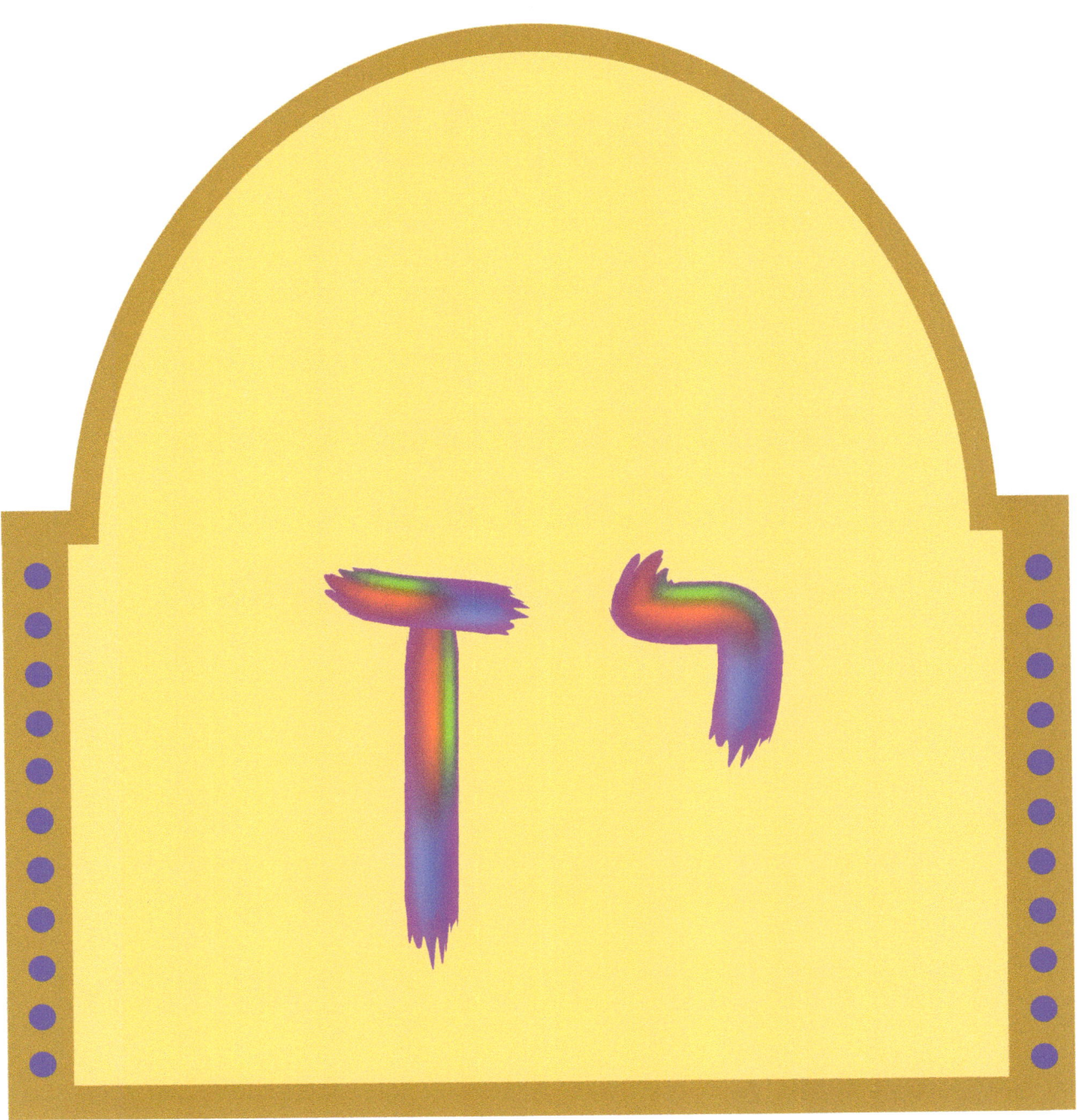

Day 18

ג' אייר

Today is Eighteen Days of the Omer, which are Two Weeks and Four Days

הַיוֹם שְׁמוֹנָה עָשָׂר יוֹם לָעֹמֶר

שֶׁהֵם שְׁנֵי שָׁבוּעוֹת וְאַרְבָּעָה יָמִים

Day 19

ד' אייר

Today is Nineteen Days of the Omer, which are Two Weeks and Five Days

הַיוֹם תּשְׁעָה עָשָׂר יוֹם לָעֹמֶר
שֶׁהֵם שְׁנֵי שָׁבוּעוֹת וַחֲמִשָּׁה יָמִים

יט

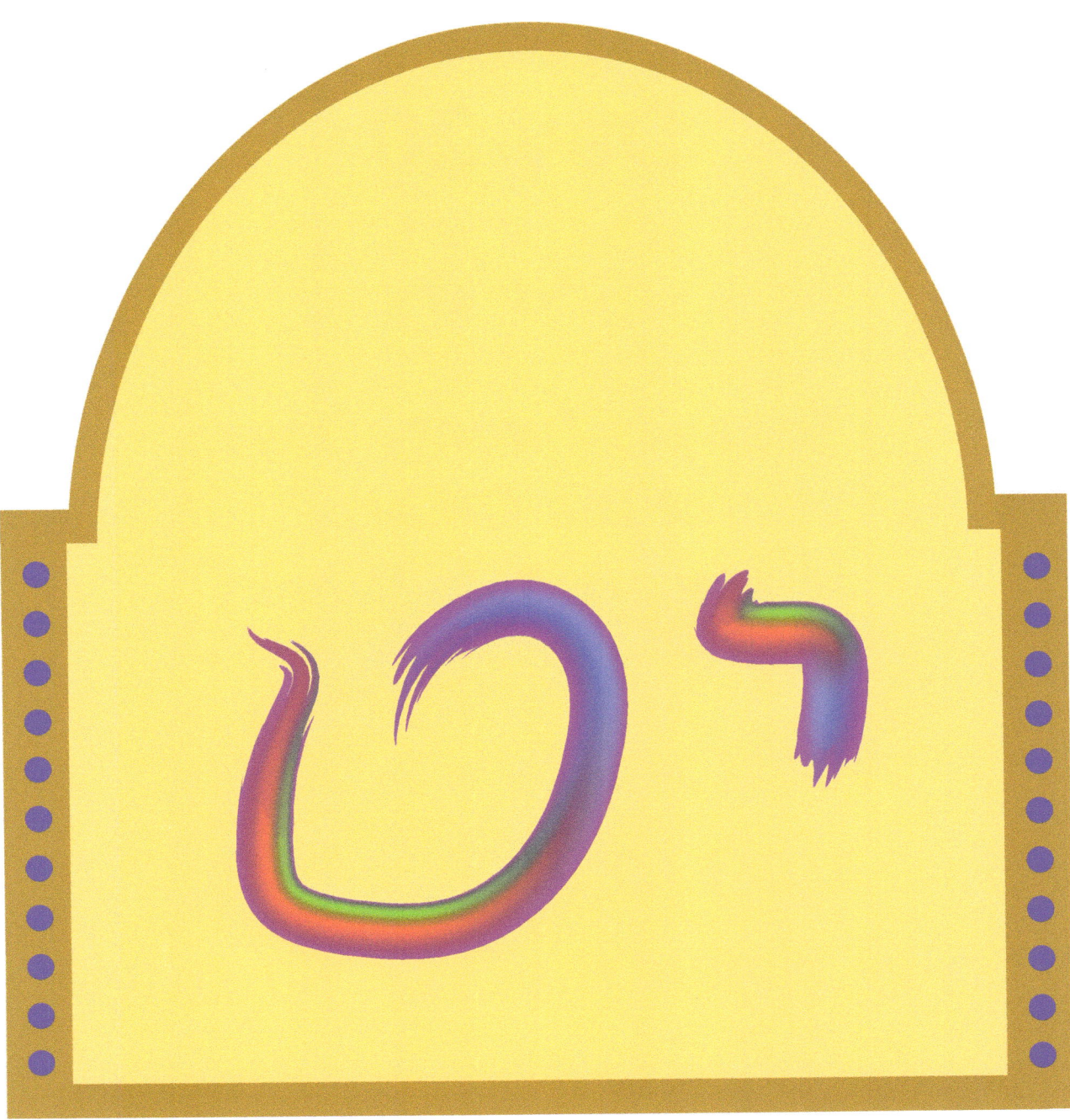

Day 20

ה' אייר

Today is Twenty Days of the Omer, which are Two Weeks and Six Days

הַיּוֹם עֶשְׂרִים יוֹם לָעֹמֶר

שֶׁהֵם שְׁנֵי שָׁבוּעוֹת וְשִׁשָּׁה יָמִים

כ

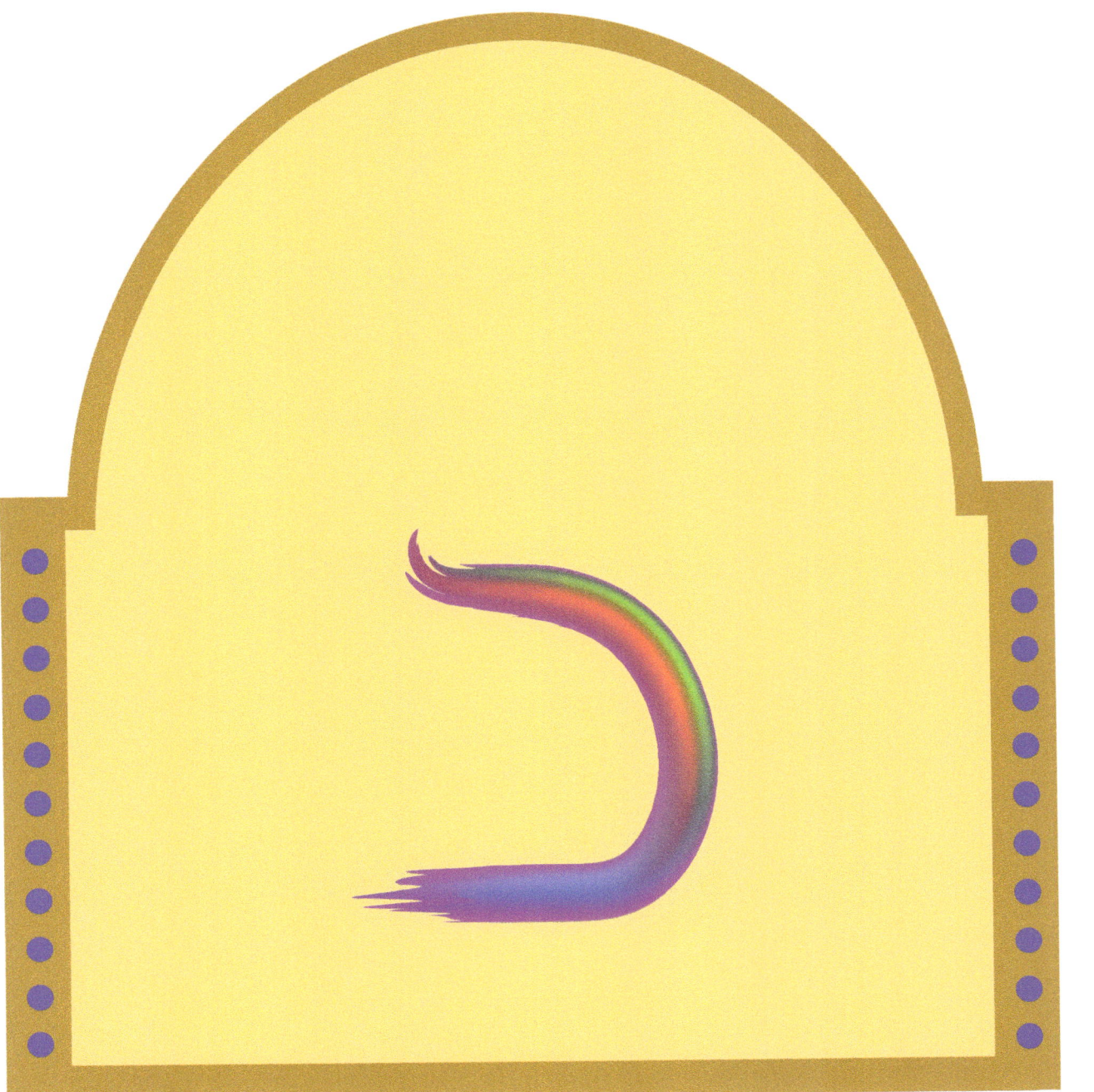

Day 21

ו' אייר

Today is Twenty One Days
of the Omer,
which are Three Weeks

הַיּוֹם אֶחָד וְעֶשְׂרִים יוֹם לָעֹמֶר
שֶׁהֵם שְׁלֹשָׁה שָׁבוּעוֹת

כא

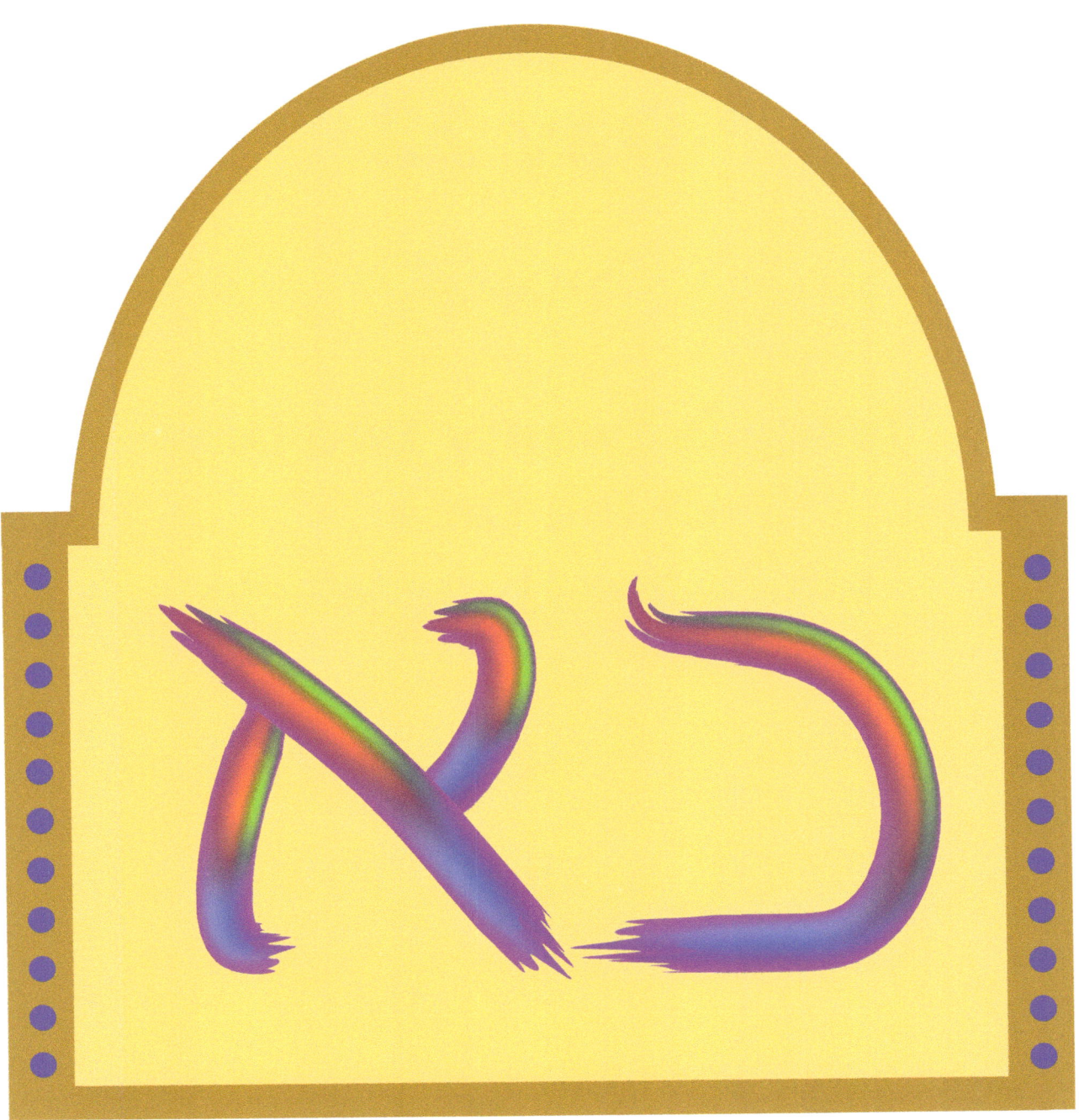

Day 22

ז' אייר

**Today is Twenty Two Days
of the Omer,
which are Three Weeks
and One Day**

הַיוֹם שְׁנַיִם וְעֶשְׂרִים יום לָעֹמֶר

שֶׁהֵם שְׁלֹשָׁה שָׁבוּעוֹת וְיוֹם אֶחָד

כב

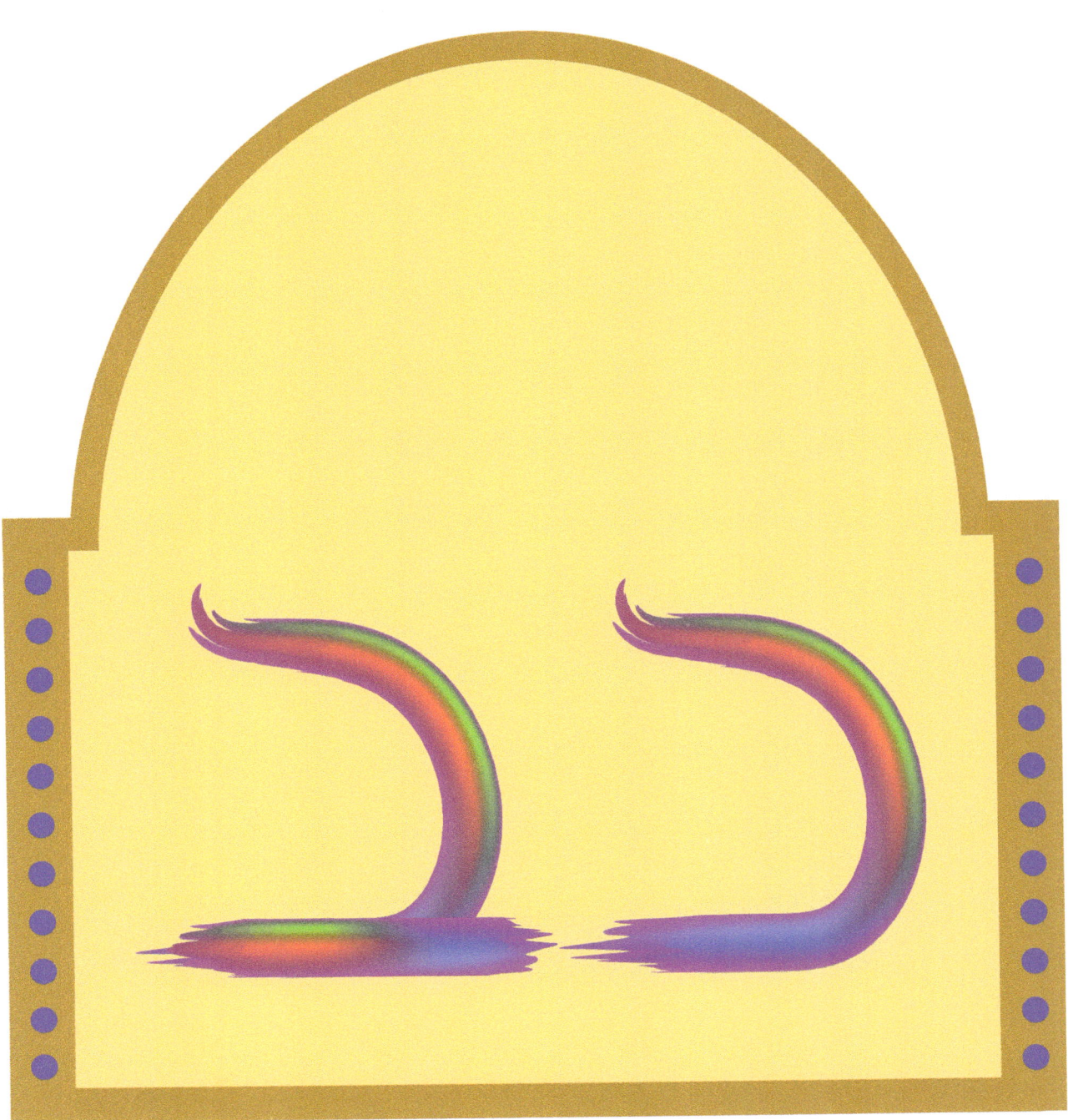

Day 23

ח' אייר

**Today is Twenty Three Days
of the Omer,
which are Three Weeks
and Two Days**

הַיוֹם שְׁלֹשָׁה וְעֶשְׂרִים יוֹם לָעֹמֶר
שֶׁהֵם שְׁלֹשָׁה שָׁבוּעוֹת וּשְׁנֵי יָמִים

כג

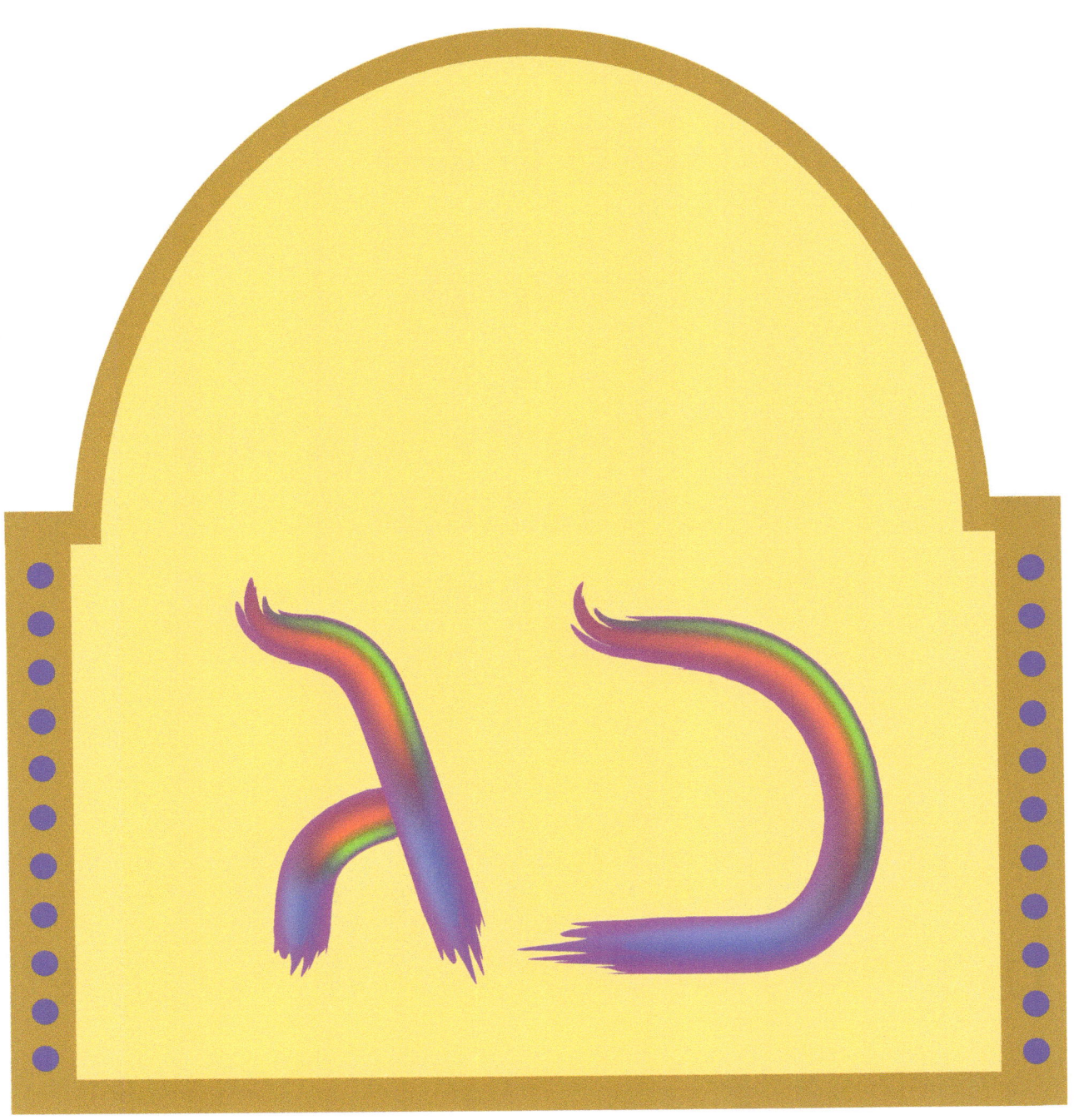

Day 24

ט' אייר

Today is Twenty Four Days
of the Omer,
which are Three Weeks
and Three Days

הַיּוֹם אַרְבָּעָה וְעֶשְׂרִים יוֹם לָעֹמֶר
שֶׁהֵם שְׁלֹשָׁה שָׁבוּעוֹת וּשְׁלֹשָׁה יָמִים

כד

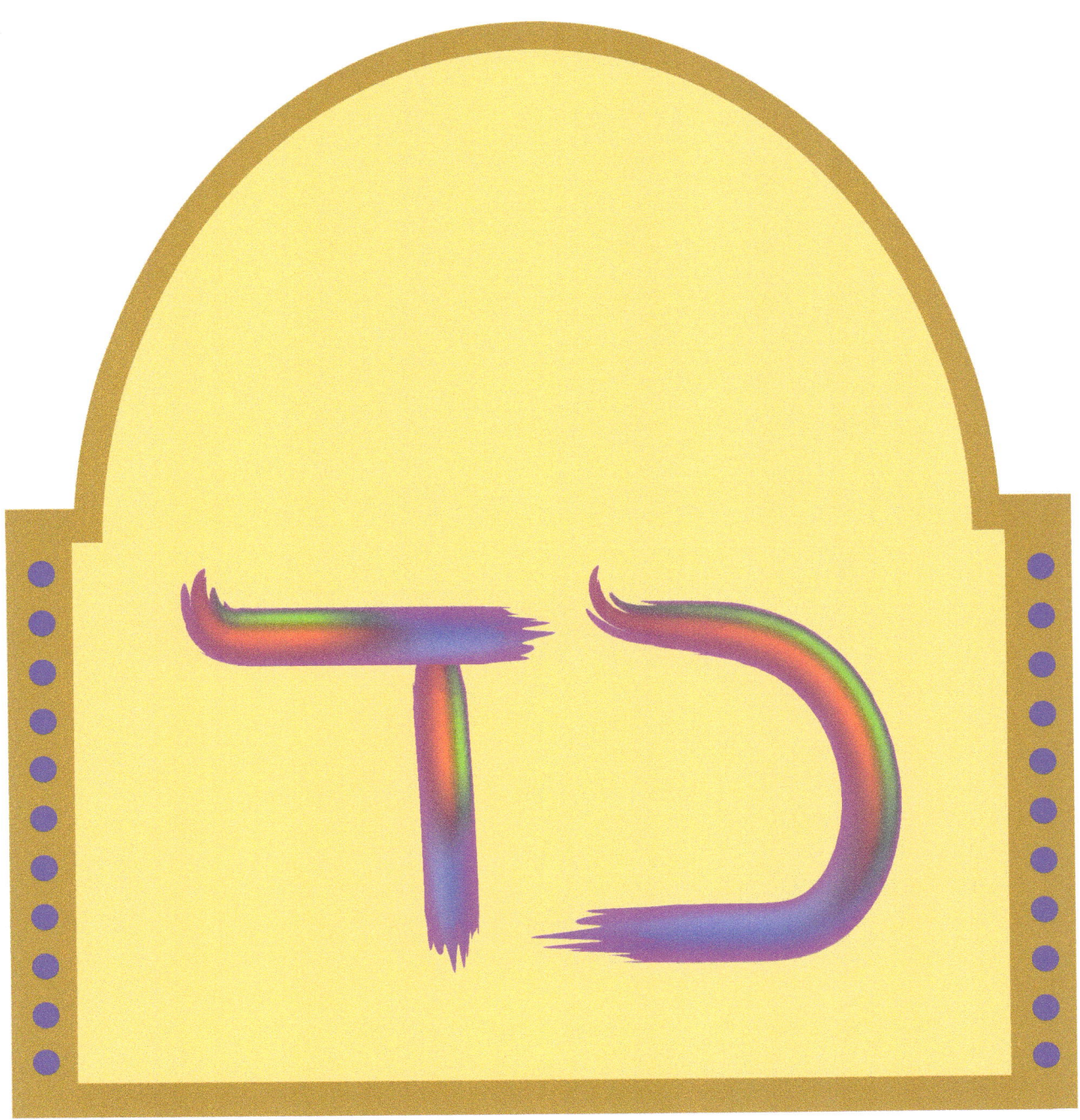

Day 25

י' אייר

Today is Twenty Five Days of the Omer, which are Three Weeks and Four Days

הַיּוֹם חֲמִשָּׁה וְעֶשְׂרִים יוֹם לָעֹמֶר
שֶׁהֵם שְׁלֹשָׁה שָׁבוּעוֹת וְאַרְבָּעָה יָמִים

Day 26

י"א אייר

Today is Twenty Six Days
of the Omer,
which are Three Weeks
and Five Days

הַיּוֹם שִׁשָּׁה וְעֶשְׂרִים יוֹם לָעֹמֶר
שֶׁהֵם שְׁלשָׁה שָׁבוּעוֹת וַחֲמִשָּׁה יָמִים

כו

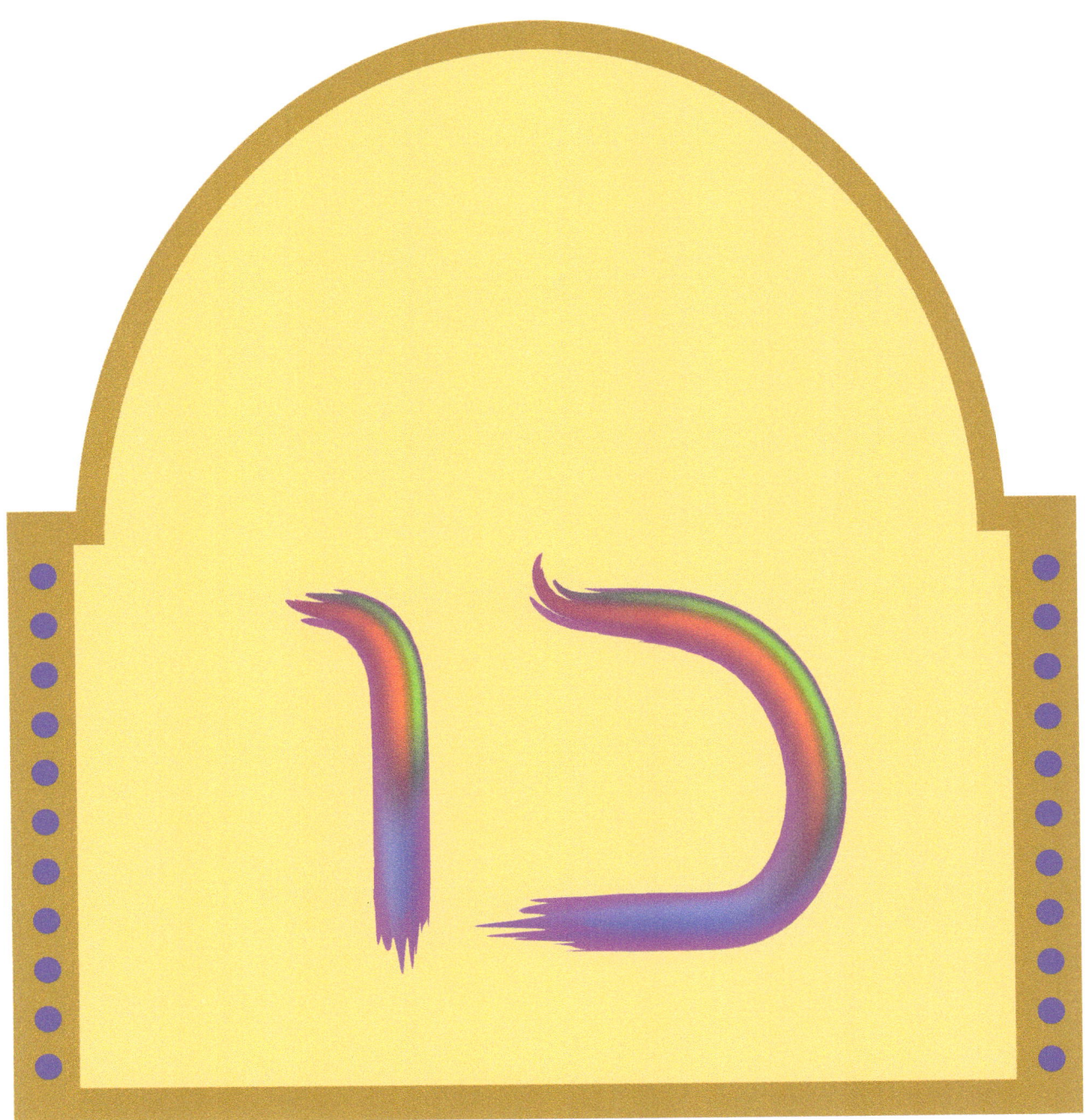

Day 27

י"ב אייר

Today is Twenty Seven Days of the Omer, which are Three Weeks and Six Days

הַיוֹם שִׁבְעָה וְעֶשְׂרִים יוֹם לָעֹמֶר
שֶׁהֵם שְׁלֹשָׁה שָׁבוּעוֹת וְשִׁשָּׁה יָמִים

כז

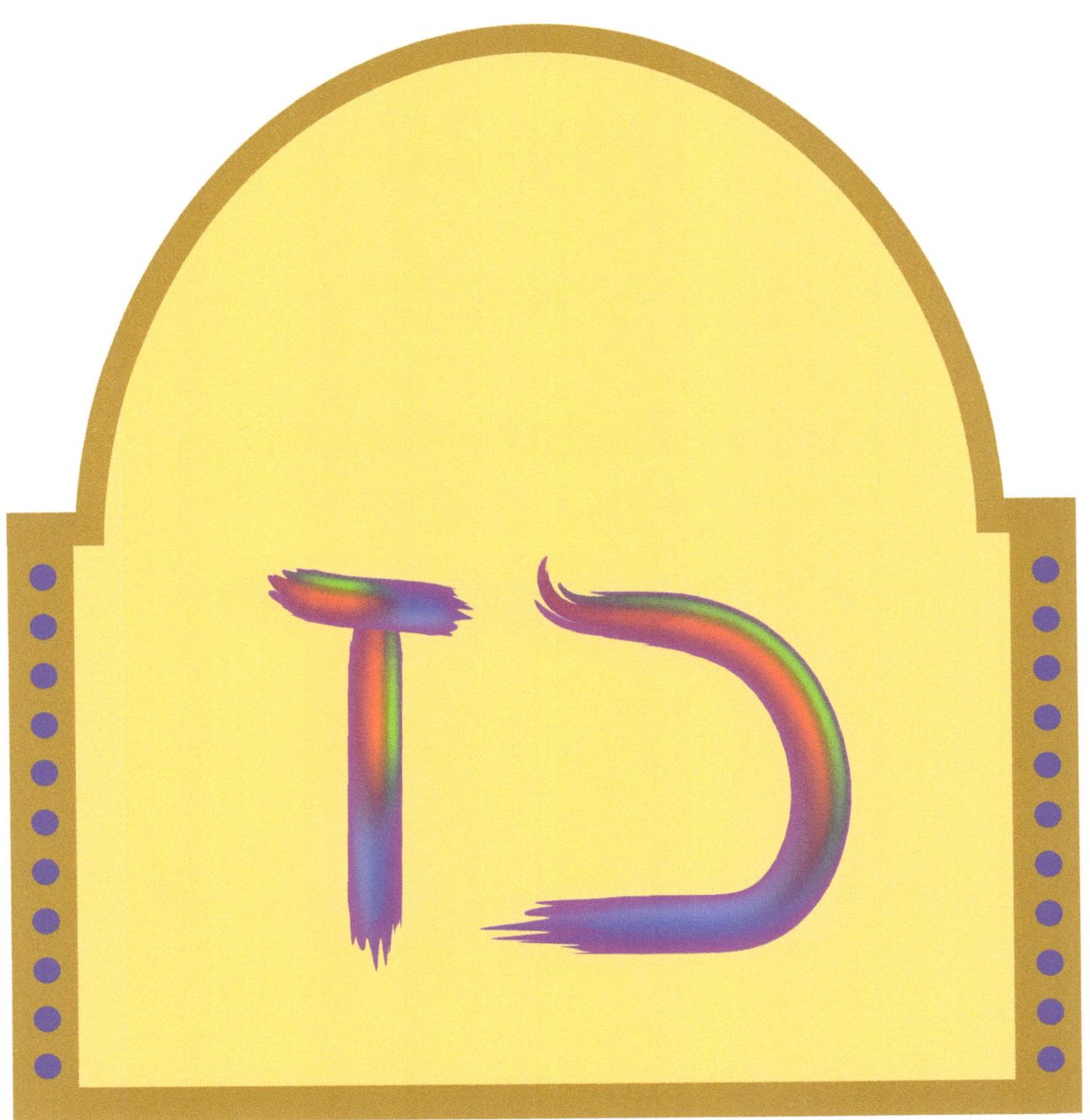

Day 28

י"ג אייר

Today is Twenty Eight Days of the Omer, which are Four Weeks

הַיּוֹם שְׁמוֹנָה וְעֶשְׂרִים יוֹם לָעֹמֶר

שֶׁהֵם אַרְבָּעָה שָׁבוּעוֹת

כח

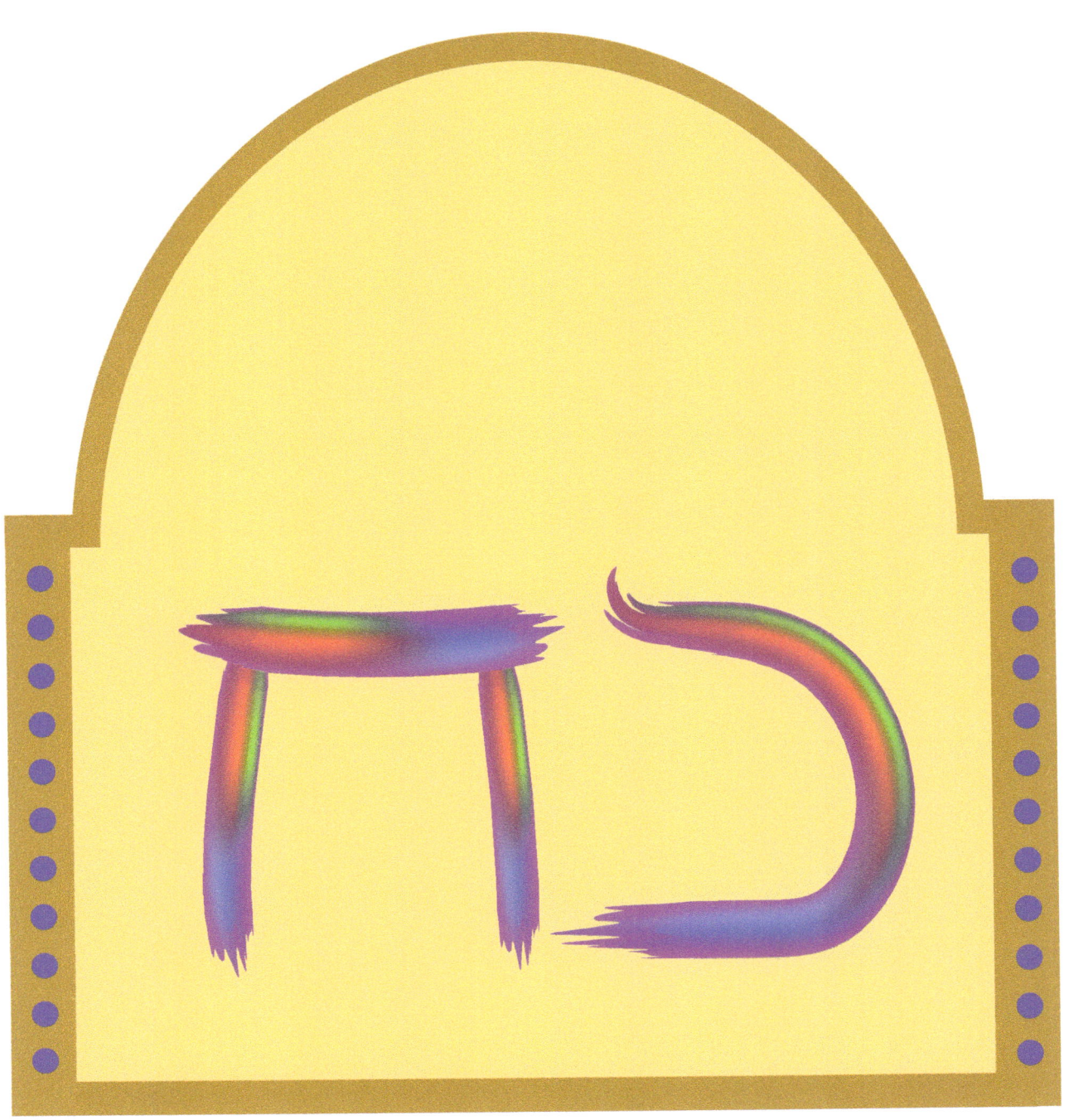

Day 29

י"ד אייר

Today is Twenty Nine Days of the Omer, which are Four Weeks and One Day

הַיּוֹם תִּשְׁעָה וְעֶשְׂרִים יוֹם לָעֹמֶר
שֶׁהֵם אַרְבָּעָה שָׁבוּעוֹת וְיוֹם אֶחָד

כט

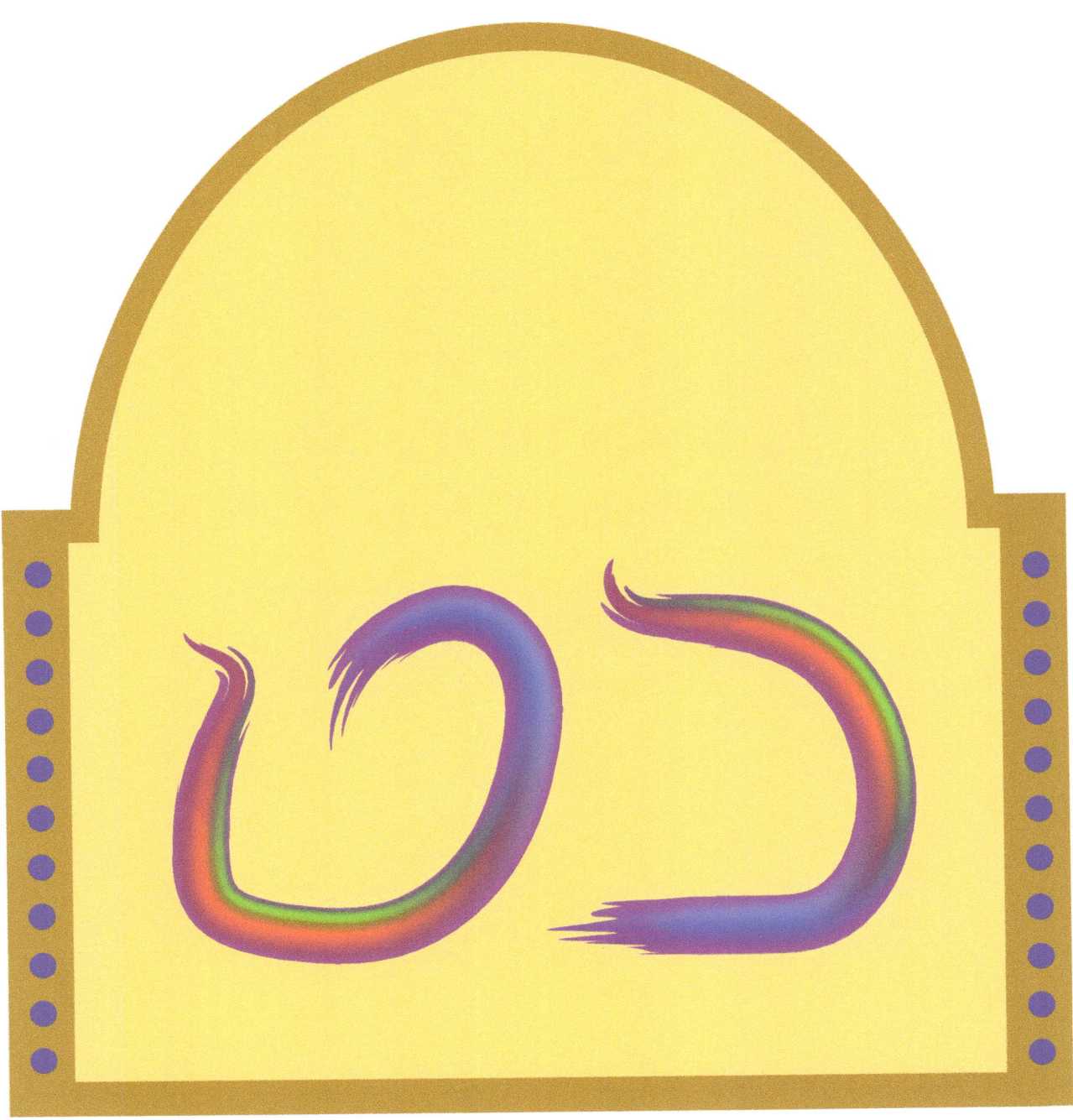

Day 30

ט"ו אייר

Today is Thirty Days of the Omer, which are Four Weeks and Two Days

הַיּוֹם שְׁלֹשִׁים יוֹם לָעֹמֶר
שֶׁהֵם אַרְבָּעָה שָׁבוּעוֹת וּשְׁנֵי יָמִים

ל

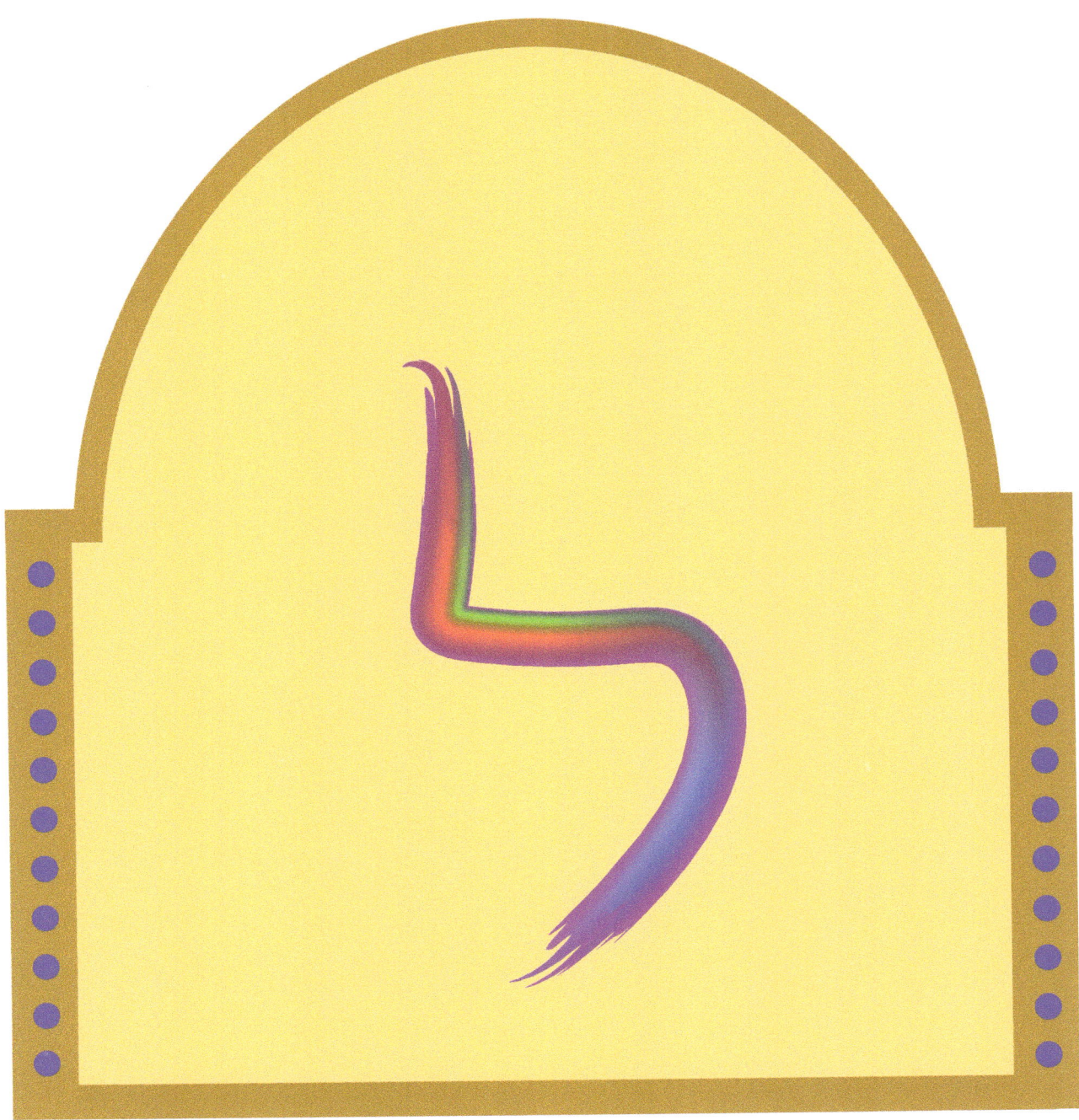

Day 31

ט"ז אייר

Today is Thirty One Days of the Omer, which are Four Weeks and Three Days

הַיּוֹם אֶחָד וּשְׁלֹשִׁים יוֹם לָעֹמֶר

שֶׁהֵם אַרְבָּעָה שָׁבוּעוֹת וּשְׁלֹשָׁה יָמִים

לא

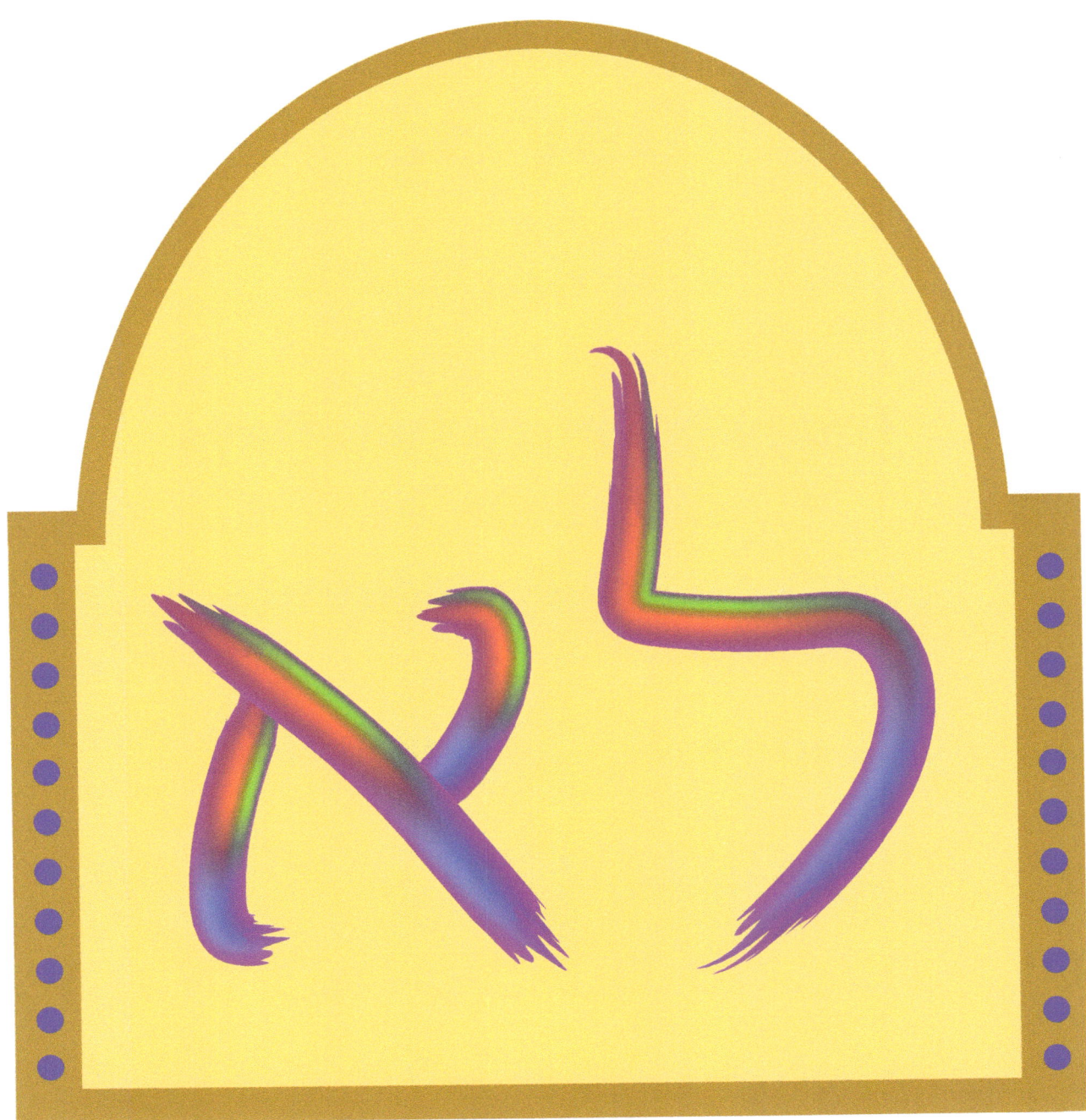

Day 32

י"ז אייר

**Today is Thirty Two Days
of the Omer,
which are Four Weeks
and Four Days**

הַיּוֹם שְׁנַיִם וּשְׁלֹשִׁים יוֹם לָעֹמֶר

שֶׁהֵם אַרְבָּעָה שָׁבוּעוֹת וְאַרְבָּעָה יָמִים

לב

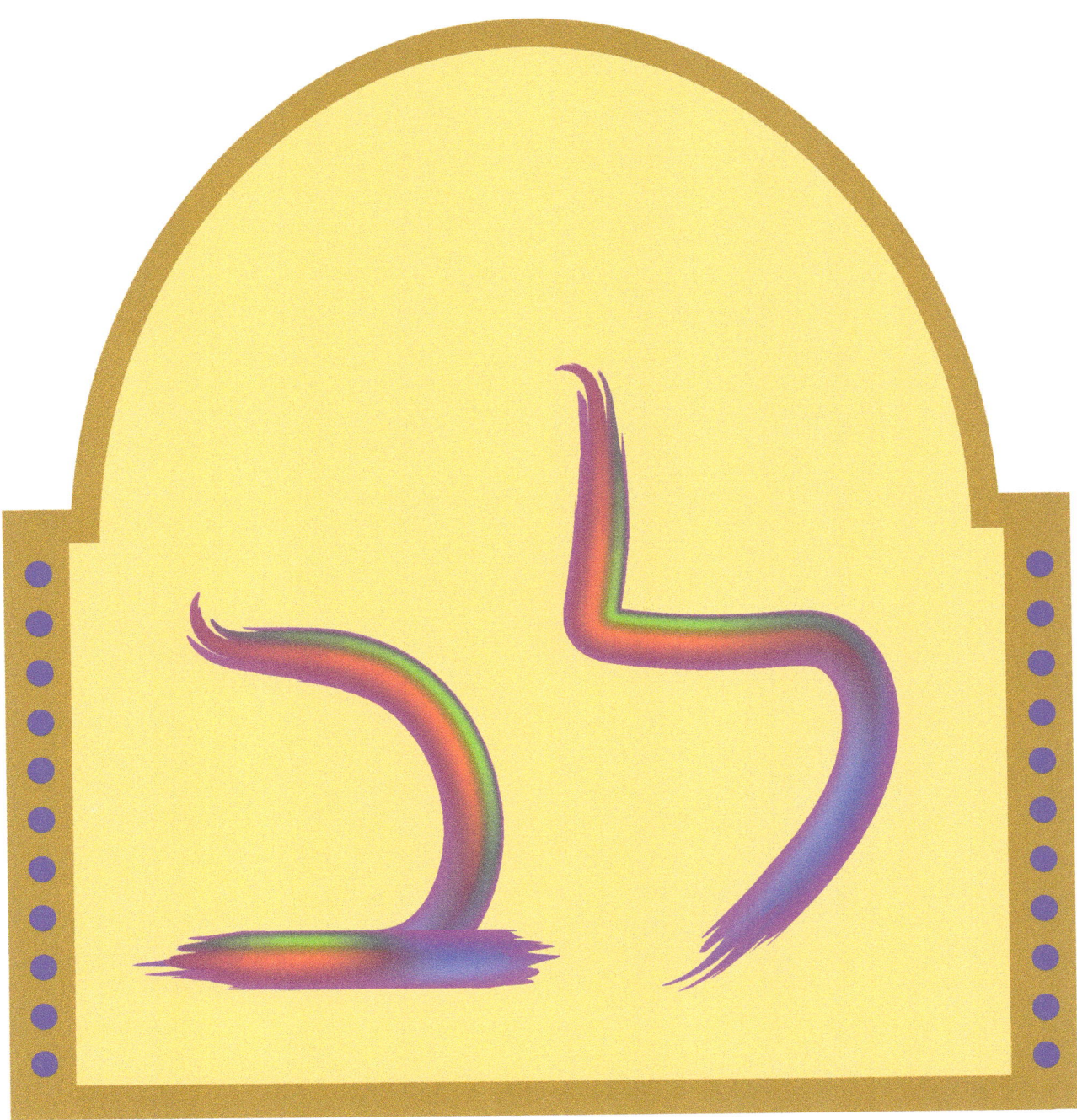

Day 33

י"ח אייר

Today is Thirty Three Days of the Omer, which are Four Weeks and Five Days

הַיוֹם שְׁלשָׁה וּשְׁלשִׁים יוֹם לָעֹמֶר

שֶׁהֵם אַרְבָּעָה שָׁבוּעוֹת וַחֲמִשָּׁה יָמִים

Lag La'Omer

לג

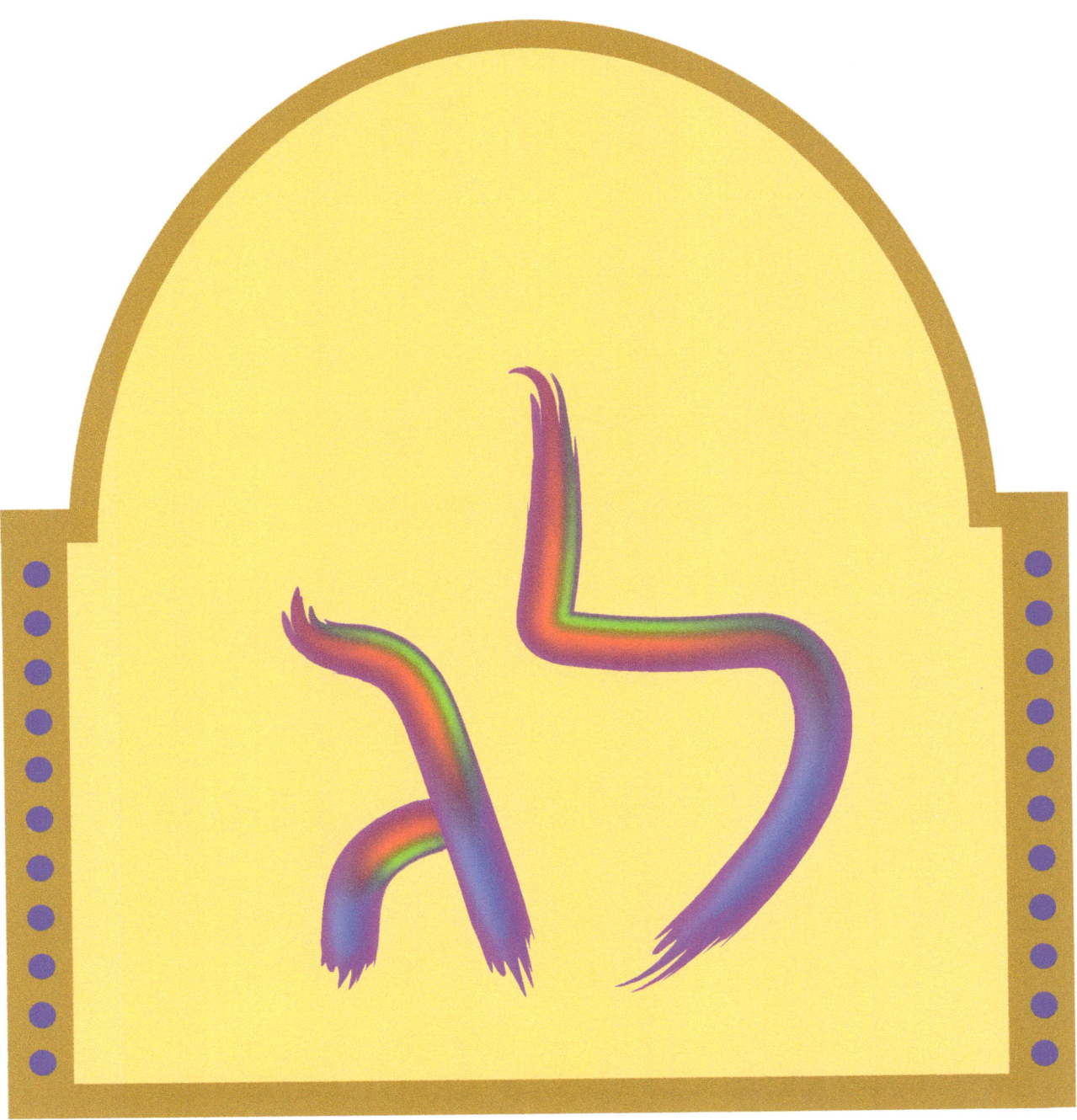

Day 34

י"ט אייר

**Today is Thirty Four Days
of the Omer,
which are Four Weeks
and Six Days**

הַיוֹם אַרְבָּעָה וּשְׁלֹשִׁים יוֹם לָעֹמֶר
שֶׁהֵם אַרְבָּעָה שָׁבוּעוֹת וְשִׁשָּׁה יָמִים

Lad La'Omer

לד

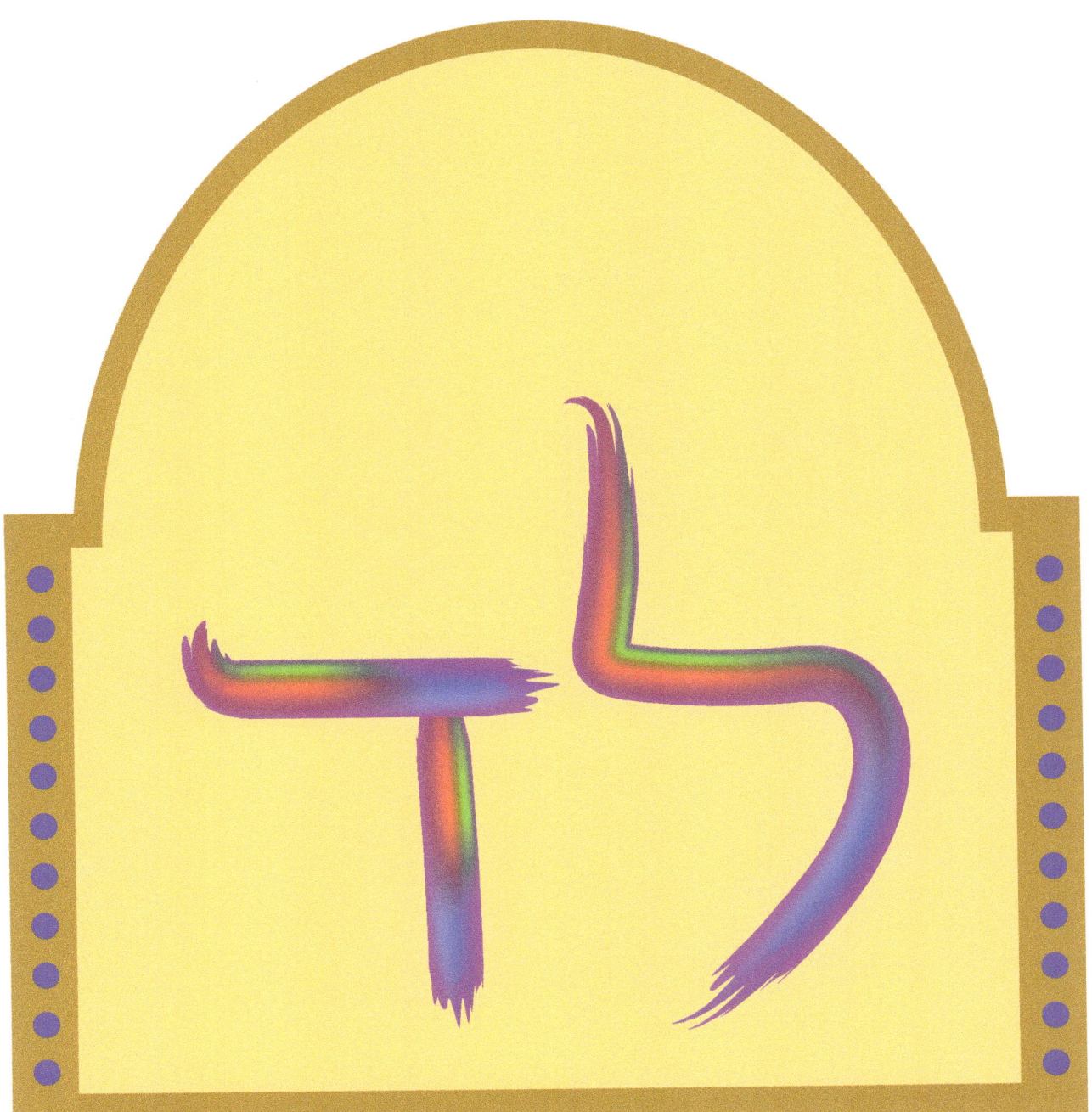

Day 35

כ' אייר

**Today is Thirty Five Days
of the Omer,
which are Five Weeks**

הַיוֹם חֲמִשָּׁה וּשְׁלֹשִׁים יוֹם לָעֹמֶר
שֶׁהֵם חֲמִשָּׁה שָׁבוּעוֹת

Day 36

כ"א אייר

Today is Thirty Six Days
of the Omer,
which are Five Weeks
and One Day

הַיּוֹם שִׁשָּׁה וּשְׁלֹשִׁים יוֹם לָעֹמֶר
שֶׁהֵם חֲמִשָּׁה שָׁבוּעוֹת וְיוֹם אֶחָד

לו

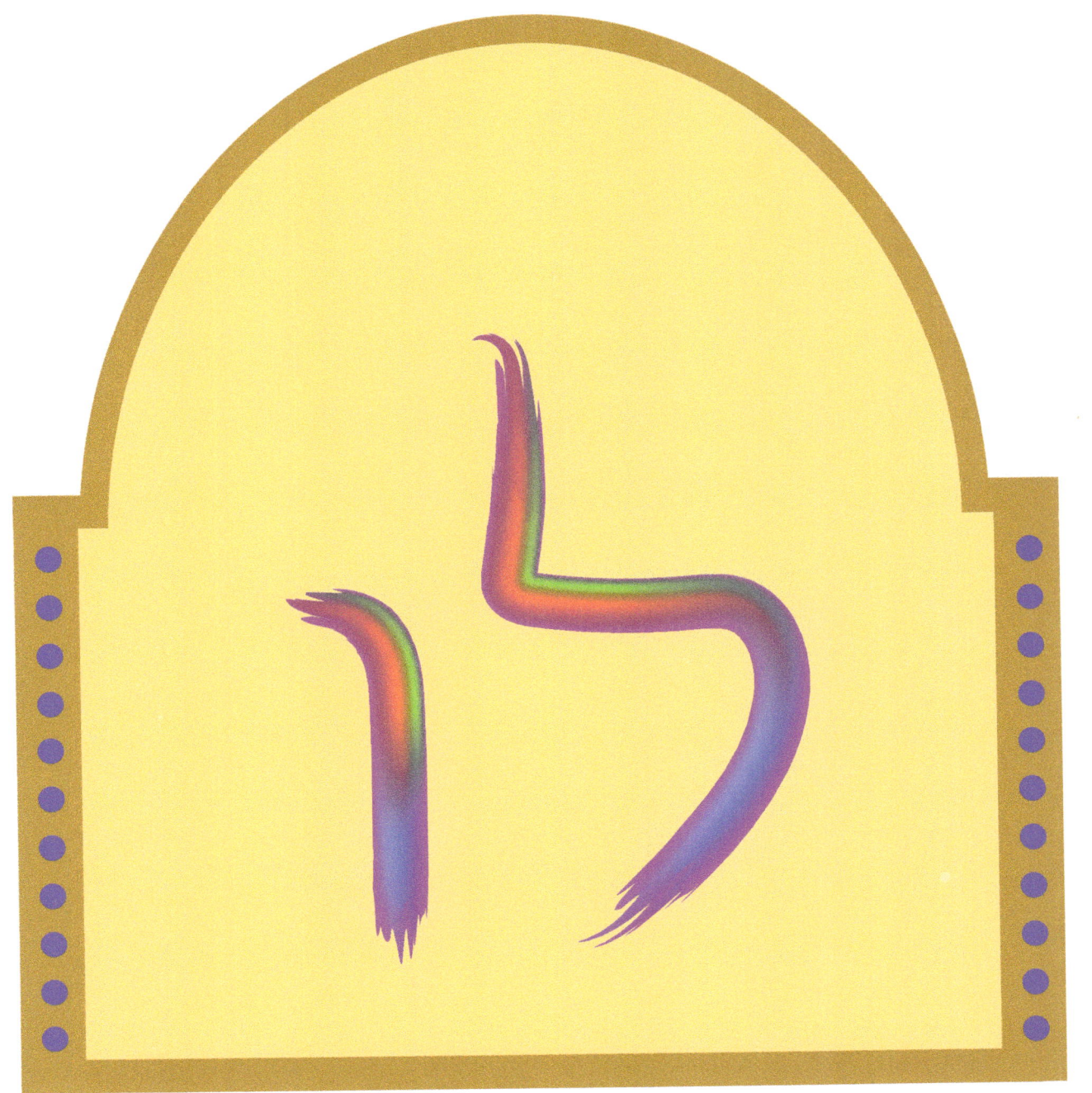

Day 37

כ"ב אייר

**Today is Thirty Seven Days
of the Omer,
which are Five Weeks
and Two Days**

הַיּוֹם שִׁבְעָה וּשְׁלֹשִׁים יוֹם לָעֹמֶר
שֶׁהֵם חֲמִשָּׁה שָׁבוּעוֹת וּשְׁנֵי יָמִים

Day 38

כ"ג אייר

Today is Thirty Eight Days of the Omer, which are Five Weeks and Three Days

הַיּוֹם שְׁמוֹנָה וּשְׁלֹשִׁים יוֹם לָעֹמֶר
שֶׁהֵם חֲמִשָּׁה שָׁבוּעוֹת וּשְׁלֹשָׁה יָמִים

לח

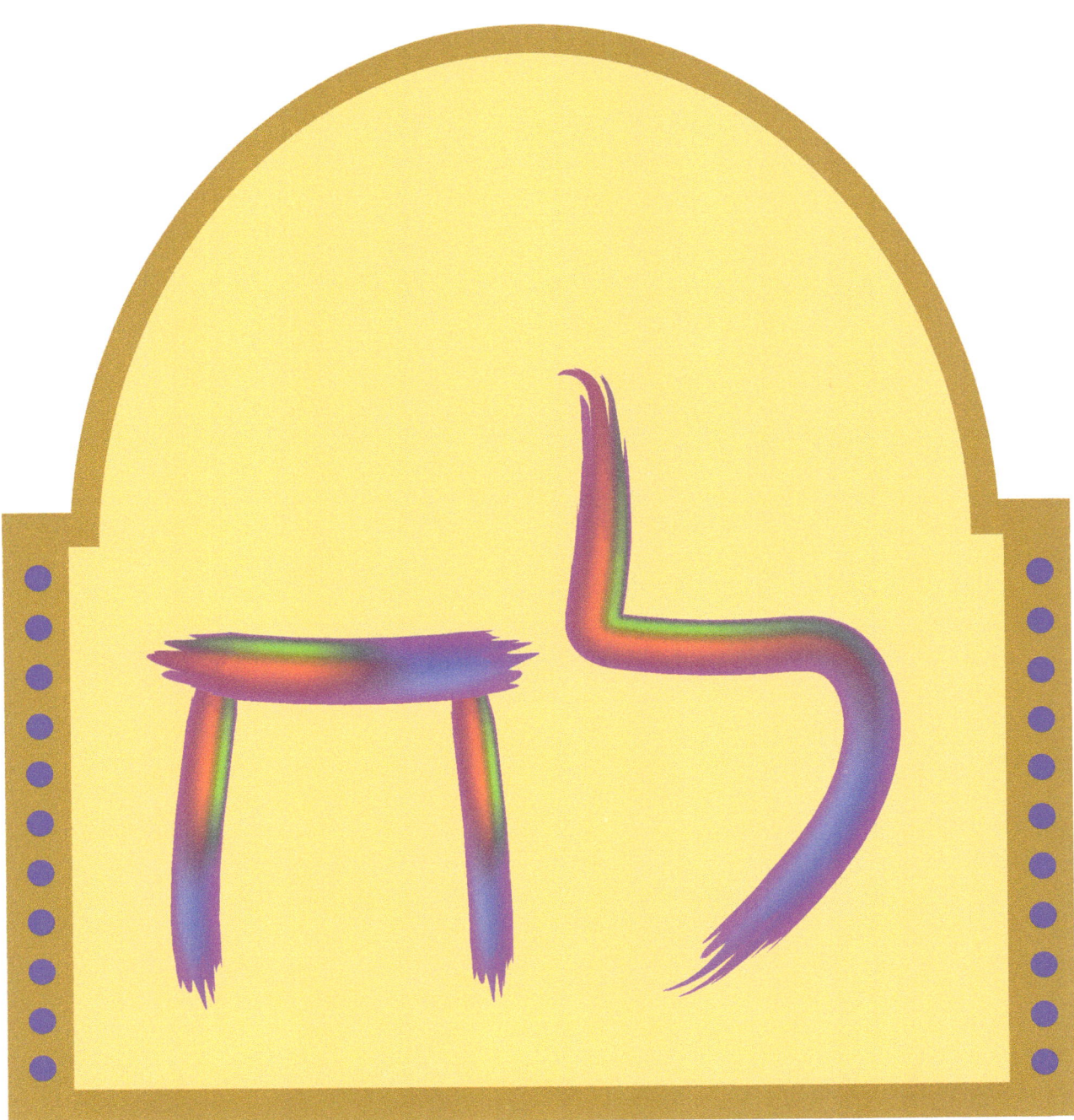

Day 39

כ"ד אייר

Today is Thirty Nine Days of the Omer, which are Five Weeks and Four Days

הַיּוֹם תִּשְׁעָה וּשְׁלֹשִׁים יוֹם לָעֹמֶר

שֶׁהֵם חֲמִשָּׁה שָׁבוּעוֹת וְאַרְבָּעָה יָמִים

לט

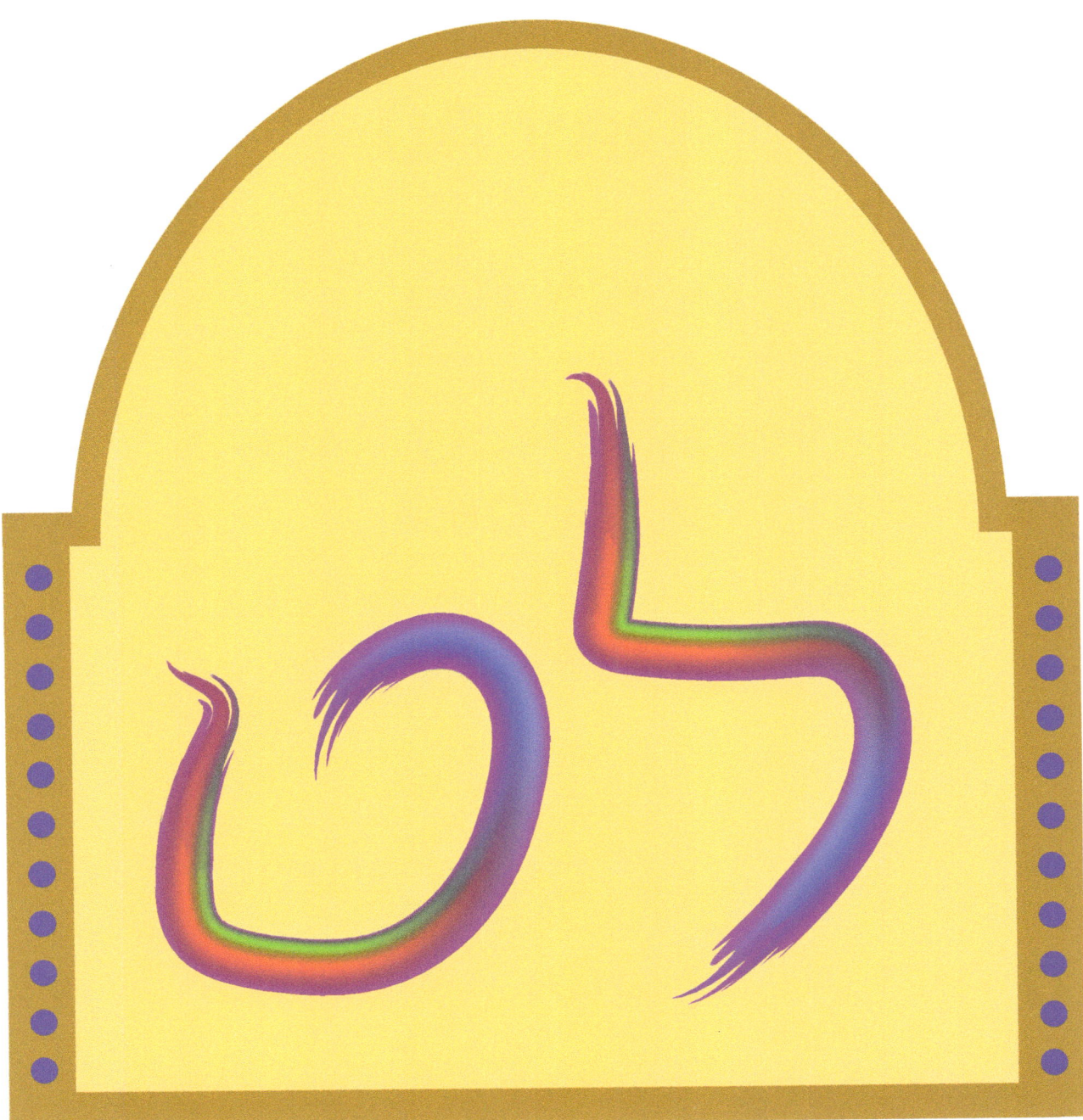

Day 40

כ"ה אייר

**Today is Forty Days
of the Omer,
which are Five Weeks
and Five Days**

הַיּוֹם אַרְבָּעִים יוֹם לָעֹמֶר
שֶׁהֵם חֲמִשָּׁה שָׁבוּעוֹת וַחֲמִשָּׁה יָמִים

מ

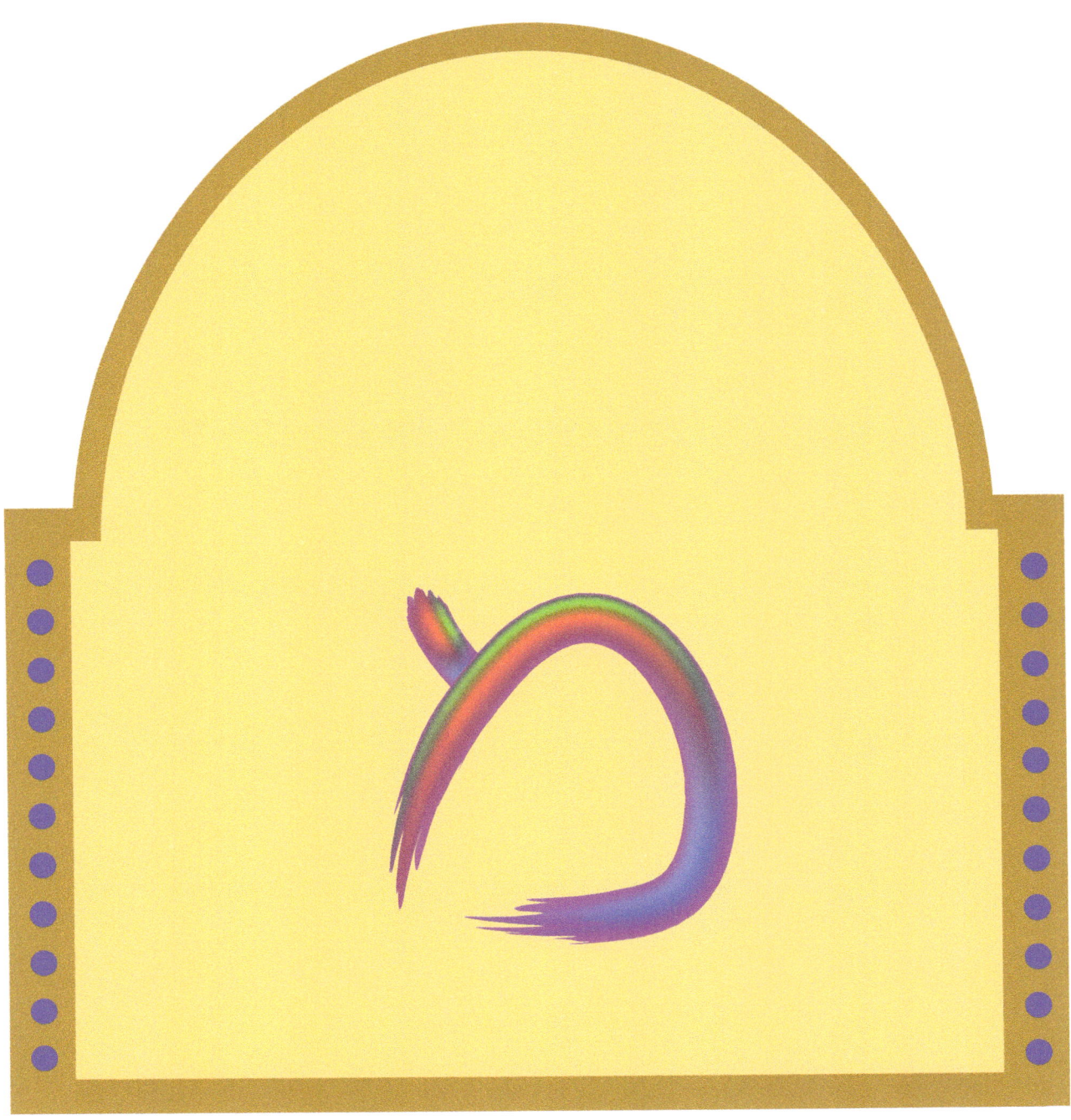

Day 41

כ"ו אייר

Today is Forty One Days of the Omer, which are Five Weeks and Six Days

הַיּוֹם אֶחָד וְאַרְבָּעִים יוֹם לָעֹמֶר
שֶׁהֵם חֲמִשָּׁה שָׁבוּעוֹת וְשִׁשָּׁה יָמִים

מא

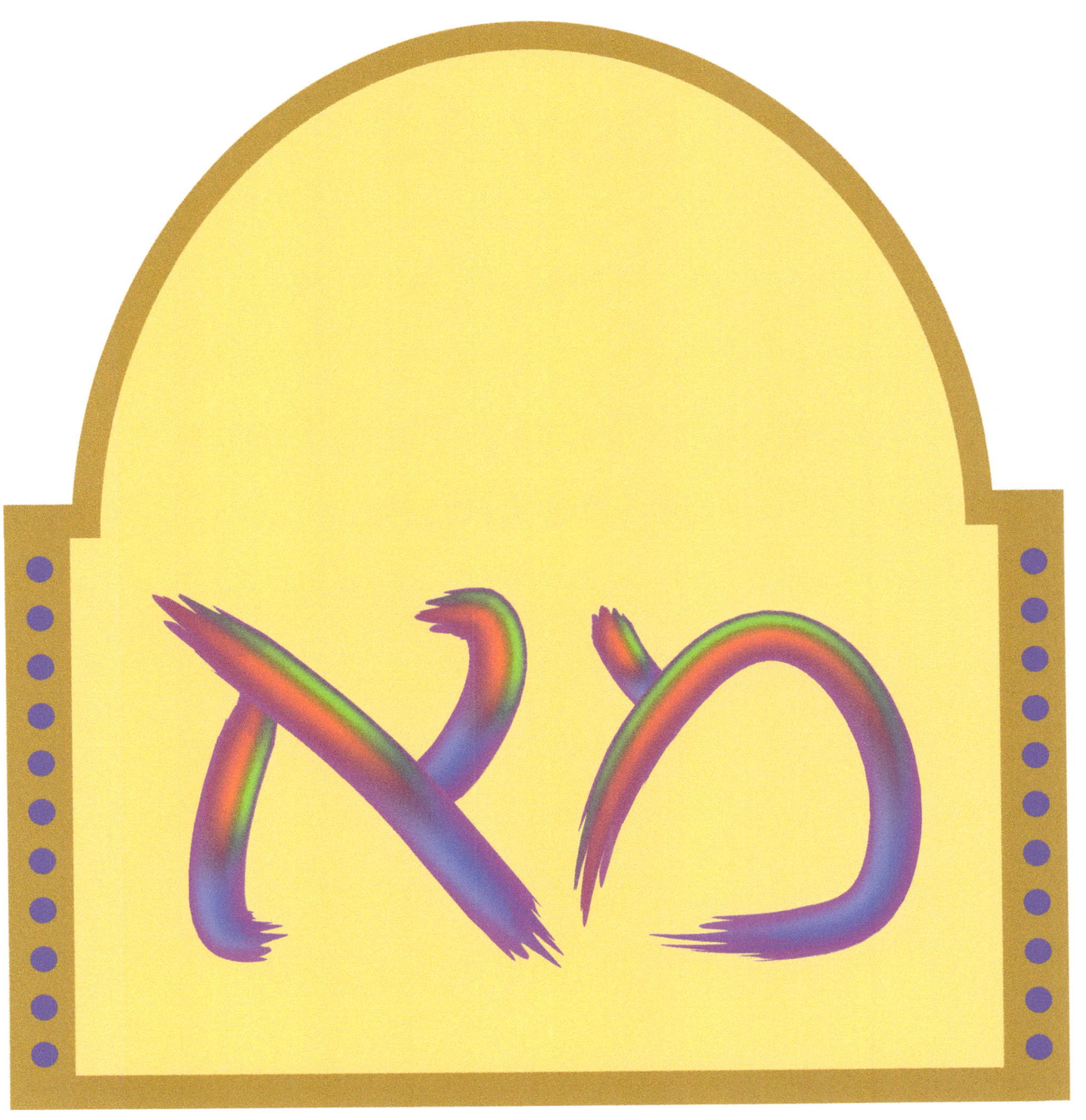

Day 42

כ"ז אייר

Today is Forty Two Days of the Omer, which are Six Weeks

הַיּוֹם שְׁנַיִם וְאַרְבָּעִים יוֹם לָעֹמֶר
שֶׁהֵם שִׁשָּׁה שָׁבוּעוֹת

Day 43

כ"ח אייר

Today is Forty Three Days of the Omer, which are Six Weeks and One Day

הַיוֹם שְׁלֹשָׁה וְאַרְבָּעִים יוֹם לָעֹמֶר
שֶׁהֵם שִׁשָּׁה שָׁבוּעוֹת וְיוֹם אֶחָד

מג

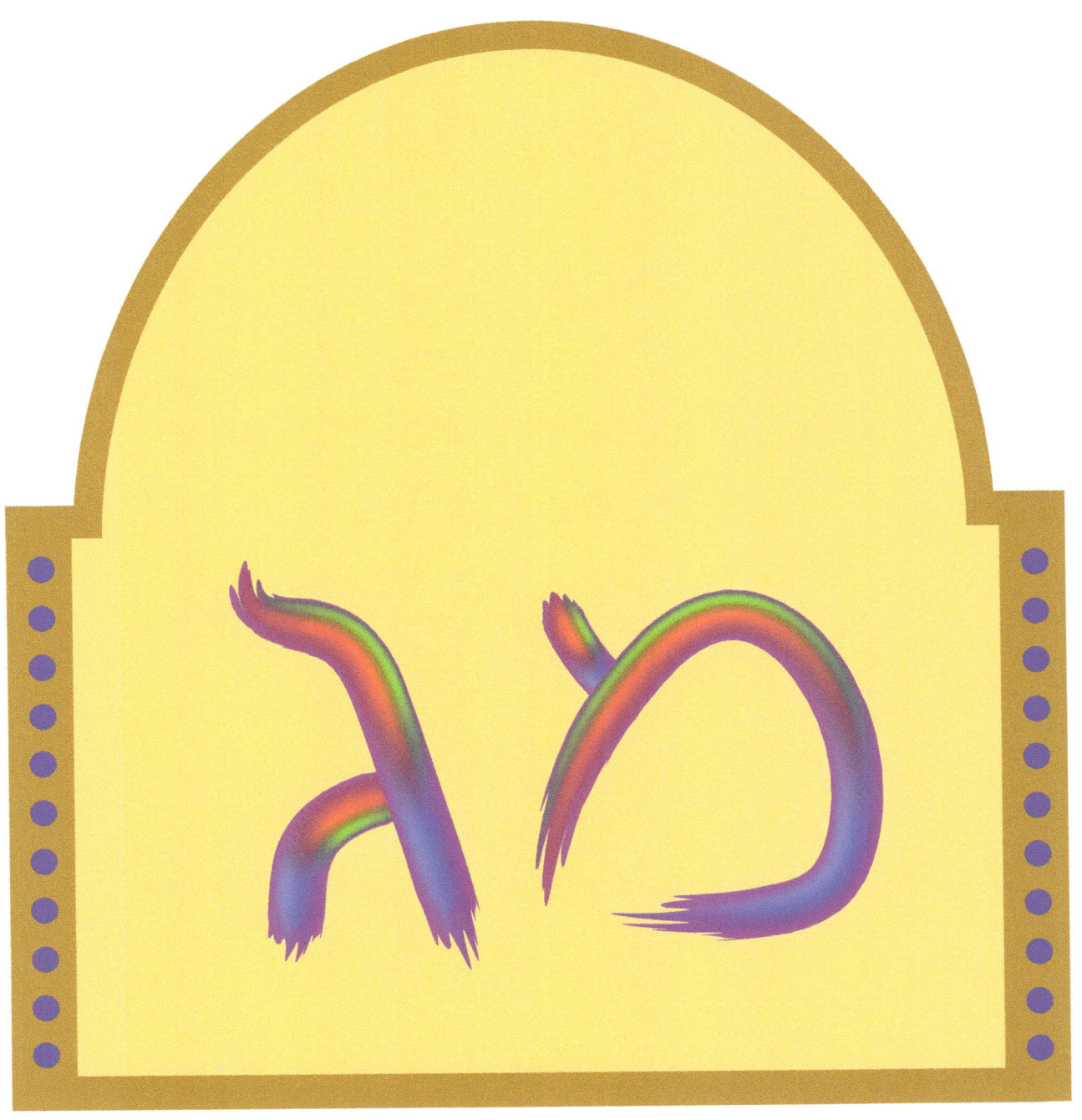

Day 44

כ"ט אייר

**Today is Forty Four Days
of the Omer,
which are Six Weeks
and Two Days**

הַיוֹם אַרְבָּעָה וְאַרְבָּעִים יוֹם לָעֹמֶר
שֶׁהֵם שִׁשָּׁה שָׁבוּעוֹת וּשְׁנֵי יָמִים

מד

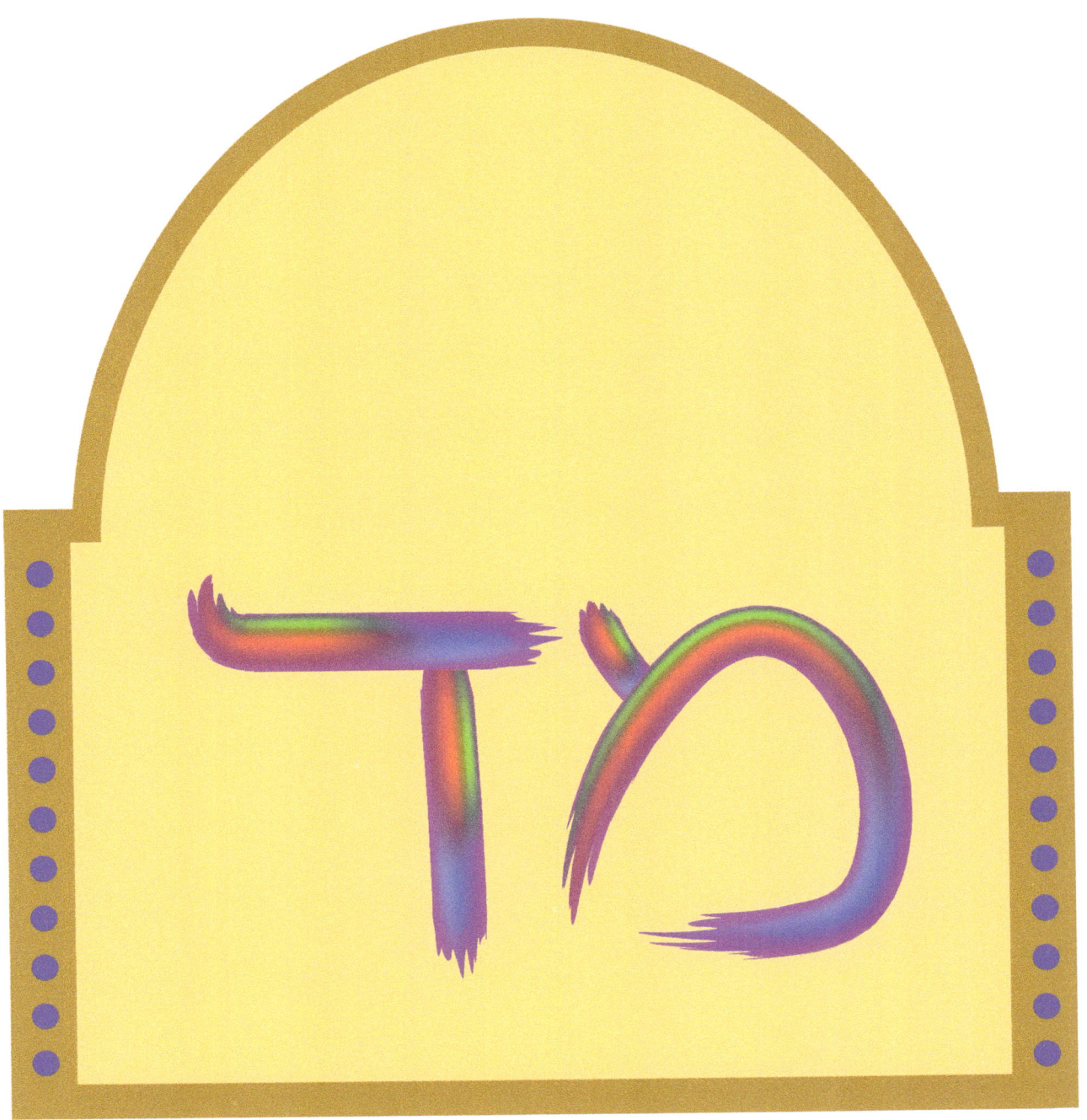

Day 45

א' סיון

**Today is Forty Five Days
of the Omer,
which are Six Weeks
and Three Days**

הַיוֹם חֲמִשָׁה וְאַרְבָּעִים יוֹם לָעֹמֶר
שֶׁהֵם שִׁשָׁה שָׁבוּעוֹת וּשְׁלשָׁה יָמִים

Day 46

ב' סיון

**Today is Forty Six Days
of the Omer,
which are Six Weeks
and Four Days**

הַיוֹם שִׁשָּׁה וְאַרְבָּעִים יוֹם לָעֹמֶר
שֶׁהֵם שִׁשָּׁה שָׁבוּעוֹת וְאַרְבָּעָה יָמִים

מו

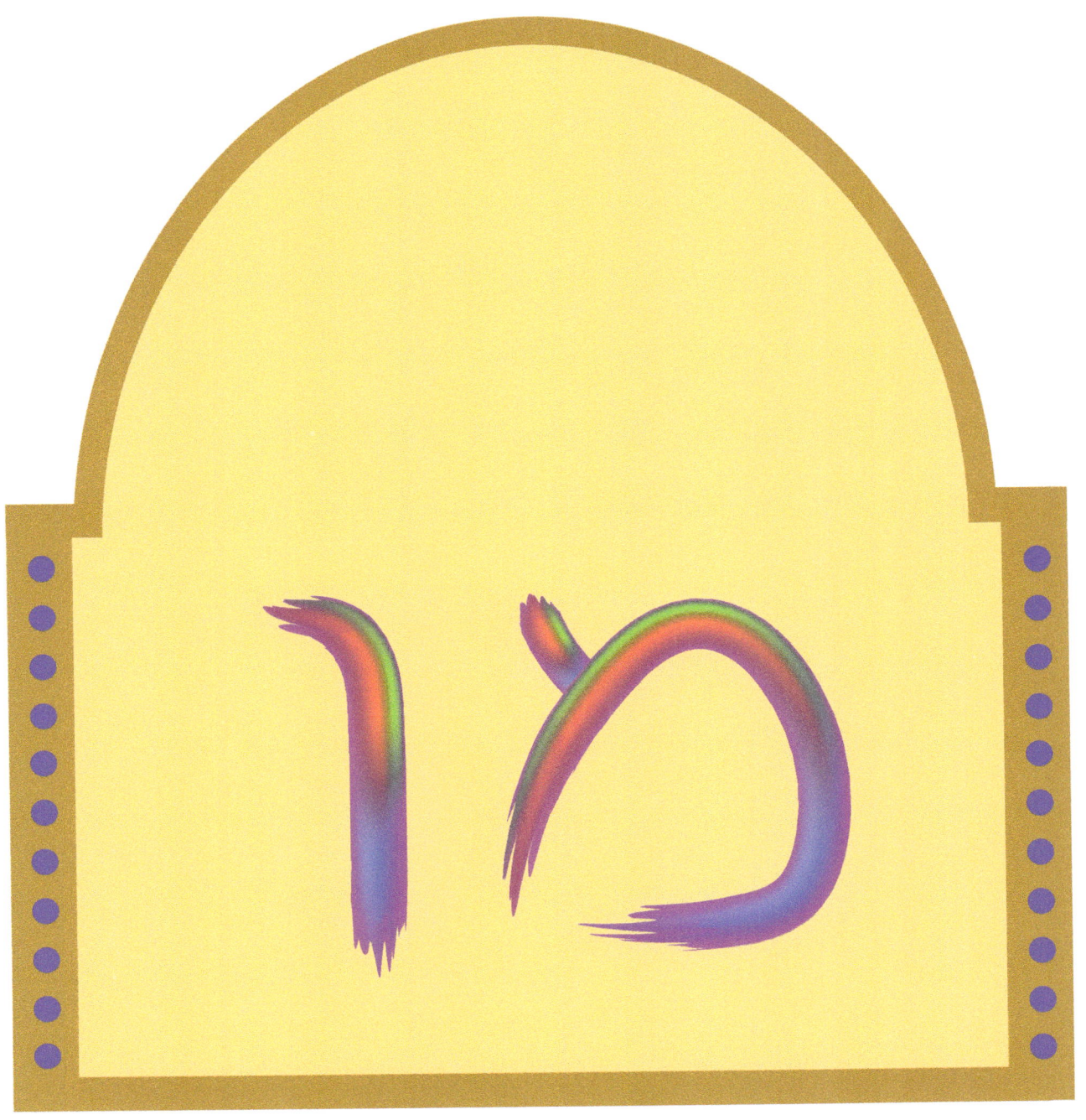

Day 47

ג' סיון

**Today is Forty Seven Days
of the Omer,
which are Six Weeks
and Five Days**

הַיּוֹם שִׁבְעָה וְאַרְבָּעִים יוֹם לָעֹמֶר

שֶׁהֵם שִׁשָּׁה שָׁבוּעוֹת וַחֲמִשָּׁה יָמִים

מז

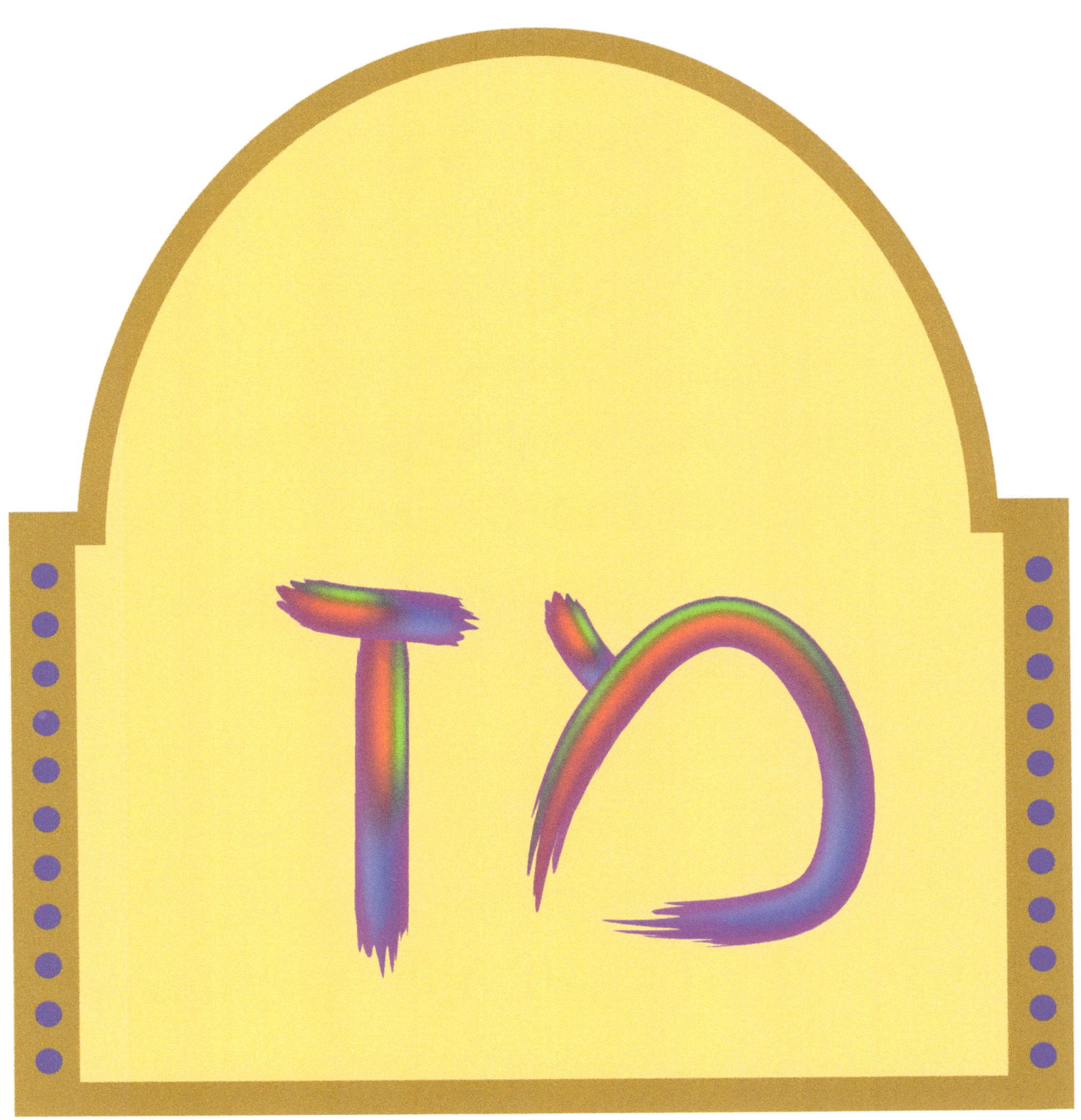

Day 48

ד' סיון

Today is Forty Eight Days,
of the Omer,
which are Six Weeks
and Six Days

הַיּוֹם שְׁמוֹנָה וְאַרְבָּעִים יוֹם לָעֹמֶר
שֶׁהֵם שִׁשָּׁה שָׁבוּעוֹת וְשִׁשָּׁה יָמִים

מח

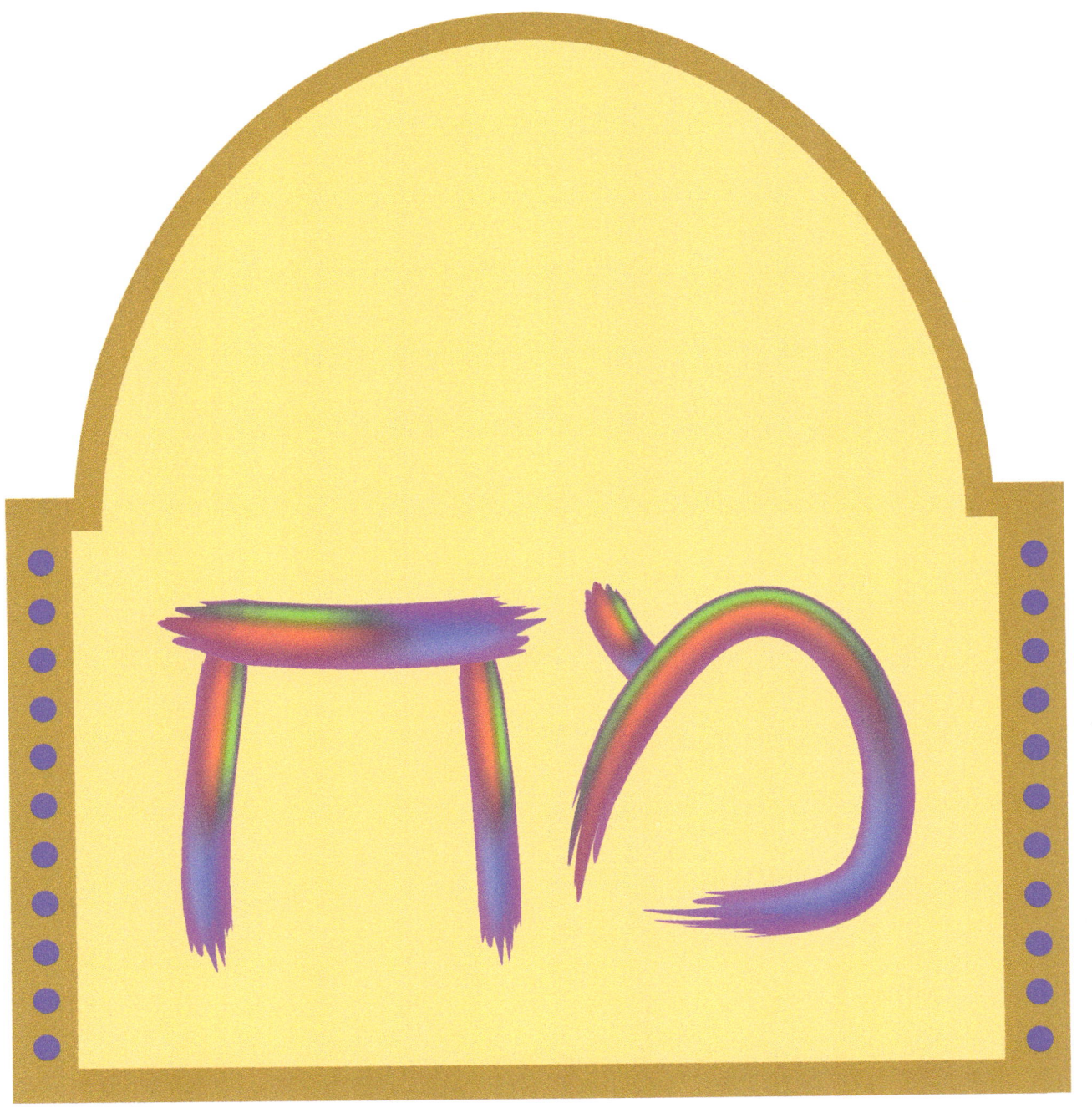

Day 49

ה' סיון

Today is Forty Nine Days of the Omer, which are Seven Weeks

הַיּוֹם תִּשְׁעָה וְאַרְבָּעִים יוֹם לָעֹמֶר

שֶׁהֵם שִׁבְעָה שָׁבוּעוֹת

מט

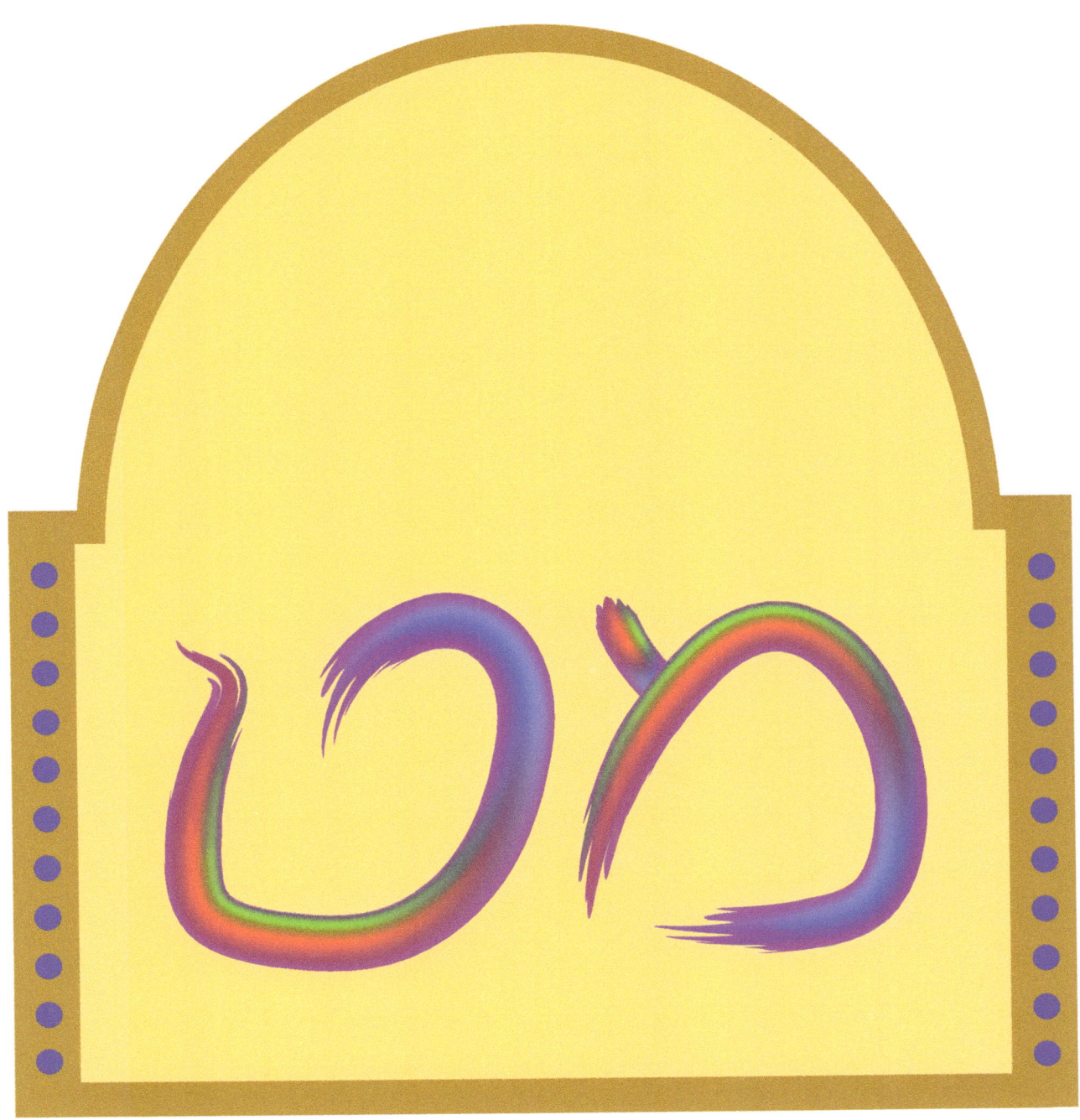